JOCHEM SCHÄFER

AF140633

DER ZIELFÜHRENDE PLAN
ZUR DEUTSCHEN WIEDERVEREINIGUNG

DAS DEUTSCH-DEUTSCHE KULTURABKOMMEN
UND DER 26. HESSENTAG IN HERBORN
ALS BEDEUTSAME AUSLÖSER

2013

Abbildung auf der vorderen Umschlagseite:
Felix Mendelssohn-Bartholdy bei Johann Wolfgang von Goethe
im Wohnhaus am Frauenplan, Junozimmer
Künstler: Johann Karl Wilhelm Aarland
Klassik Stiftung Weimar
Inventarnummer: KGr/04798

Bibliografische Information der Deutschen Nationalbibliothek:
Die Deutsche Nationalbibliothek verzeichnet diese Publikation
in der Deutschen Nationalbibliografie; detaillierte bibliografische Daten sind im Internet über http://dnb.d-nb.de abrufbar.
ISBN 978-3-7322-5303-6

Das Werk einschließlich aller seiner Teile ist urheberrechtlich
geschützt. Herstellung und Verlag:
BOD - Books on Demand, Norderstedt.

Copyright 2013 by Jochem Schäfer,
60488 Frankfurt am Main, Mühlwiesenstraße 13
Tel. 069 / 78 80 10 88
E-mail: schaefer-jochem@web.de
http://jochem-schaefer.jimdo.com/

Für meine Frau und für mich bedeutet dieser Tag in Rostock viel, wir erleben einen Augenblick der Gemeinsamkeit, einen Tag, wenn Sie so wollen, der Einheit ...

Ich gehöre zu denen, die das Ziel der schrittweisen Überbrückung der Grenzen immer verfolgt haben, jeder kann es nachprüfen. Und ich werde das auch in Zukunft tun. Und hier können Kompromisse immer wieder nützlich sein. Allerdings die Gewissensfreiheit der Person oder die Würde des einzelnen Menschen erträgt keinen Kompromiß und keinen Abstrich. Das haben wir aus dem Zusammenbruch der ersten Demokratie in Deutschland gelernt.

Es waren Hitler und seine Gesellen, die Deutschland und die deutschen Juden und dann unsere Nachbarvölker mit unerhörter krimineller Energie in die Katastrophe geführt haben, aber der Boden war doch schon vorher bereitet gewesen. Die Erziehung zur Demokratie, die Erziehung zum eigenen Urteil, die Erziehung zur Humanitas, zur Menschlichkeit, die Erziehung zur Würde und Freiheit der einzelnen Person, die hatte schon Generationen lang vorher nicht ausgereicht.

Altbundeskanzler Helmut Schmidt
am 18. Juni 1988
in der Rostocker Marienkirche

Inhalt

6

1. Editorial

Die Kulturgeschichte der Neuzeit mit Bezügen zum Alten Testament, der grausame Völkermord der Weltgeschichte an den Juden und der Widerstand gegen den Nationalsozialismus prägten maßgeblich den Wiedervereinigungsprozess in Deutschland. Eine besondere Rolle spielte dabei auch Felix Mendelssohn-Bartholdys Oratorium Elias, das an den gleichnamigen israelitischen Propheten im Alten Testament erinnert. Sie leitete sich her von dem katholischen, evangelischen und orthodoxen Gedenktag an den Propheten, den 20. Juli, der im Jahr 1944 mit dem Umsturzversuch gegen Hitler verknüpft war. Eng in die gesamte Abfolge einbezogen wurde der Autor zusammen mit seinen Eltern Otto und Martha Schäfer (geb. Pech) aus der idyllischen Stadt Herborn in Hessen.

Nach den Ostverträgen der Regierung Brandt/Scheel und der Paraphierung des Grundlagenvertrags zwischen der Bundesrepublik und der DDR am 70. Geburtstag von Otto Schäfer im Jahr 1972 wurden simultan zu den KSZE-Verhandlungen Beziehungen zu Preußen, wissenschaftliche und religiöse Verbindungen, einschließlich der jüdischen Tradition, und das bedeutende literarische und musikalische Kulturerbe systematisch genutzt, um die Entspannungs- und Versöhnungsbemühungen zwischen den beiden deutschen Staaten vor allem in den 80er Jahren voranzutreiben. Richtungsweisend war auch eine verantwortungsvolle Friedens- und Umweltpolitik. Gefördert wurde der Prozess insbesondere von Bürgerrechtlern und Friedensgruppen im Umfeld der DDR-Kirchen, die sich seit den 70er Jahren mit der Wehrdienstverweigerung sowie mit Menschenrechts-, Umwelt- und Dritte-Welt-Fragen befassten. Seit Anfang der 80er Jahre widmeten sie sich zudem Friedensdekaden, Friedensforen und Abrüstungsinitiativen. 1989, im 200. Jahr der Französischen Revolution, initiierten sie mit der Vernetzung zahlreicher Aktivitäten die friedliche Revolution und trugen zusammen mit der von Ungarn, der Tschechoslowakei und Polen tolerierten oder unterstützten Flüchtlingsbewegung aus der DDR entscheidend zum anvisierten Fall der Berliner Mauer am 9. November 1989 bei. Dem gewaltigen öffentlichen Druck zur Maueröffnung stand die SED-Führung im Grunde machtlos gegenüber. Auch ein noch am 6. November 1989 veröffentlichter Reisegesetzentwurf wurde von der Bevölkerung als völlig unzureichend abgelehnt.

Eine bedeutsame Rolle bei der grandiosen Freiheitsbewegung spielte die Renaissance des Judentums in der DDR seit Mitte der 80er Jahre. Der entsetzliche Völkermord unter dem Hitler-Regime prägte nach dem Zweiten Weltkrieg maßgeblich die Entwicklung der europäischen und internationalen Menschenrechtsbestimmungen und verband die beiden deutschen Staaten auch ohne Anerkenntnis der SED-Führung auf besonders tragische Weise in einer Schicksals- und Verantwortungsgemeinschaft. Das Abschlussdokument der Wiener KSZE-Konferenz hob im Januar 1989 die menschliche Dimension der KSZE mit der Achtung der Menschenrechte und Grundfreiheiten besonders hervor. Die Teilnehmerstaaten beschlossen, die Thematik der menschlichen Dimension in einer gesonderten Konferenz mit drei Folgetreffen zu präzisieren und legten passend zum Jubiläumsjahr der Französischen Revolution das erste Treffen für den 30. Mai bis 23. Juni 1989 in Paris fest. Dort unterbreiteten die Vertreter Frankreichs und der Sowjetunion den Vorschlag, zur Verbesserung des Menschenrechtsschutzes einen „gemeinsamen Rechtsraum auf der Basis eines Europas der Rechtsstaaten" zu schaffen.[1]
Auf eine Harmonisierung des Rechts in der Europäischen Gemeinschaft zielte eine Tagung des Rechtsausschusses des Europäischen Parlaments am 9. November 1989 im Reichstagsgebäude in Berlin. Sie konnte im Hinblick auf eine Öffnung der Berliner Mauer am Jahrestag der Reichskristallnacht nicht

---

[1]   Vgl. Jens Bortloff (1996), S. 82.

besser terminiert sein. An diesem Tag erinnerte man sowohl in der Bundesrepublik als auch in der DDR an die Synagogen-zerstörungen, Plünderungen jüdischer Häuser und Geschäfte und an Verschleppungen und Massaker an der jüdischen Bevölke-rung am 9. November 1938 durch die Nationalsozialisten und ihre Mitläufer. Dies erhöhte den Druck zur Aufhebung der rechtswidrigen Ausreisebeschränkungen. Dabei war auch von Bedeutung, dass die EG seit September 1988 bilaterale Ko-operations- und Handelsabkommen mit Ungarn, der Tsche-choslowakei und Polen abgeschlossen hatte und die DDR in die akute Gefahr geriet, sich auch in weiten Teilen des Ostblocks zu isolieren.

Bereits 1978/79 war mit dem Friedensschluss beim Camp-David-Frieden in Anlehnung an die KSZE-Mittelmeerverhand-lungen ein enger Bezug zum wichtigsten Grenzübergang an der innerdeutschen Grenze mit dem Kontrollpunkt Helmstedt und der Übergangsstelle Marienborn hergestellt worden. Dieser vi-sierte die für eine Ost-West-Annäherung unverzichtbare Aus-söhnung der Ostblockstaaten mit dem Staat Israel an.[2] In diesen Friedensschluss war auch der Autor eingebunden, der 1978 während der deutschen EG-Präsidentschaft zwei Ministerrats-arbeitsgruppen auf europäischer Ebene leitete.
1985 erinnerte Radio DDR II im Bach-Händel-Schütz-Jubi-läumsjahr an das denkwürdige Zusammentreffen von Friedrich dem Großen mit Johann Sebastian Bach im Mai 1747 in Potsdam und eröffnete damit weitere bedeutende Beziehungs-strukturen, die für eine Annäherung förderlich waren. Über-tragen wurde am Geburtstag des Autors (30. März) die aus dem Treffen entstammende Bach-Komposition „Das musikalische Opfer" in der Bearbeitung von Hermann Börner. Im gleichen Jahr wurde am 6. November unter Mitwirkung des Leo Baeck-Instituts, New York, die Ausstellung „Die jüdische Emigration aus Deutschland 1933 bis 1941" in der Deutschen Bibliothek

---

2   Vgl. der Autor (2010), S. 7-9.

Frankfurt am Main (heute Deutsche Nationalbibliothek) eröffnet. Das Ereignis fand gemäß Einladungskarte zum 50. Jahrestag des Erlasses der „Nürnberger Gesetze" mit dem Blutschutzgesetz und dem Reichsbürgergesetz am 15. September 1935 statt und stand unter der Schirmherrschaft von Bundespräsident Dr. Richard von Weizsäcker. Ausstellungsplakat und -katalog zeigten neben einem Auswandererschiff den früheren Präsidenten der Reichsvertretung der Deutschen Juden und der Weltunion für progressives Judentum, Leo Baeck, und die Mutter von Otto Schäfer, die über ihre Stammlinie (Kunze) mit der amerikanischen Unabhängigkeitserklärung von 1776 und Vorfahren von Johann Wolfgang Goethe verknüpft war. Sie wurde auch in die Bildung des Deutschen Kaiserreichs von 1871 einbezogen und war zusammen mit Familienmitgliedern maßgeblich an der Rettung der verfolgten und tödlich bedrohten Juden im Dritten Reich beteiligt.

Ebenfalls am 6. November erfolgte im Jahr 1251 die Stadtgründung von Herborn, die in den Gründungsakt des Königreichs Preußen am 18. Januar 1701 einbezogen wurde.[3] Die Stadt wurde später nach dem Deutschen Krieg von 1866 zusammen mit dem Herzogtum Nassau von Preußen annektiert und gehörte von 1868 bis 1944 der preußischen Provinz Hessen-Nassau und bis zum Einrücken der Amerikaner im Jahr 1945 der preußischen Provinz Nassau an. Ein weiteres verbindendes Element verkörperte der namhafte Pädagoge und Bischof der böhmischen Brüder, Jan Amos Comenius, der von 1611 bis 1613 in Herborn an der Hohen Schule studierte. Leo Baeck besuchte das Johann-Amos-Comenius-Gymnasium in Lissa (heute Leszno, Polen); sein Vater, der Rabbiner Dr. Samuel Baeck, war dort Religionslehrer.

---

3   Die historischen Beziehungen der Region nach Preußen ermöglichten es auch, dass ein jüdischer Mitbürger aus Herborn am 18. Januar 1938, dem Jahrestag der Gründung des Königsreichs Preußen, aus dem KZ Sachsenhausen (in einem Ortsteil Oranienburgs) befreit wurde.

1986 waren es insbesondere zwei Ereignisse, die den Versöhnungsprozess vorantrieben und die friedliche Revolution im Jahr 1989 mit ermöglichten. Am 200. Geburtstag des Schriftstellers Ludwig Börne, der 1786 im jüdischen Ghetto in Frankfurt als Juda Löb Baruch zur Welt kam und 1818 zum Protestantismus übertrat, wurde das deutsch-deutsche Kulturabkommen unterzeichnet und in Kraft gesetzt.[4] Auf seiner Grundlage entwickelten sich zahlreiche Aktivitäten der Zusammenarbeit, die bestehende Barrieren aufbrachen und die Bürger in den beiden Teilen Deutschlands wieder näher brachten. Im 200. Todesjahr Friedrichs des Großen eröffnete der hessische Ministerpräsident Holger Börner am Jahrestag der Königskrönung (31. Mai 1740) den zehntägigen Hessentag in Herborn. In der Region, die eng mit dem nassau-oranischen Erbe der Hohenzollerndynastie verknüpft ist, stellte Börner mit der bedeutenden hessischen Veranstaltung eine sichtbare Beziehung her zu dem außerordentlichen musischen und kommunikativen Talent und Engagement des Monarchen. Der Hessendienst der Staatskanzlei publizierte die Eröffnungsrede Börners in der Hessentags-Presseinformation Nr. 21. Er belebte damit erneut eine auch im Zusammenhang mit der Königskrönung Karls des Großen genutzte David-Metapher, die seit dem Staatsputschversuch Adolf Hitlers am 21. Geburtstag Otto Schäfers im Jahr 1923 Verfolgtenhilfe, den Widerstand gegen den Nationalsozialismus und das Versöhnungs- und Aufbauwerk seit 1945 entscheidend mit geprägt hatte.

Auch das 1980 Unter den Linden in Ostberlin wieder aufgestellte Reiterstandbild Friedrichs des Großen mit Ehrentafeln und Skulpturen preußischer Staatsmänner, Feldherren, Künstler, Musiker und Gelehrten, darunter auch Gotthold Ephraim Lessing und Immanuel Kant, wurde 1851 an Jahrestag der Krönung

---

4   Joachim Gauck, seit März 2012 Bundespräsident der Bundesrepublik Deutschland, wurde 2011 der Ludwig-Börne-Preis verliehen, Laudator war der frühere Kulturstaatsminister der Bundesrepublik, Michael Naumann.

Friedrichs enthüllt. Der Wiederaufbau offenbarte einen sich ausbreitenden Wandel im Geschichtsbewusstsein der DDR gegenüber dem preußischen Monarchen, dessen Erbe und Gewohnheiten sich trefflich zur staatlichen Profilierung eigneten. Das Denkmal verdeutlichte jedoch auch Beziehungsstrukturen zur Bundesrepublik und speziell zu Herborn und zur benachbarten Oranierstadt Dillenburg, die sich 1989 auch die Opposition für die anvisierte Öffnung der Berliner Mauer gut zunutze machen konnte.

Die immer wiederkehrenden öffentlichen Bekundungen von Helmut Kohl, Hans-Dietrich Genscher und anderen führenden Politikern der Bundesrepublik zum Ziel der staatlichen Einheit der deutschen Nation und die miserablen wirtschaftlichen und Umweltverhältnisse in der DDR förderten ebenfalls substantiell den Einheitsprozess.

Ein außergewöhnliches Konzertereignis flankierte 1989 diese Bekundungen und zielte ebenfalls auf eine Öffnung der Berliner Mauer am 9. November 1989 hin. Am 18. Mai 1989, dem Geburtstag des polnischen Papstes Johannes Paul II., wurde im Dom der hessischen Stadt Wetzlar, die als Simultankirche von Protestanten und Katholiken gemeinsam genutzt wird, Georg Friedrich Händels Oratorium „Judas Makkabäus" aufgeführt. Am 9. November wird in jedem Jahr das von dem Befreiungskampf der Makkabäer gegen die Seleukidenherrscher im 2. Jahrhundert vor Chr. hergeleitete Weihefest der Lateranbasilika begangen, die die Bischofskirche des Papstes ist und gemäß Inschriften am Haupteingang der Kirche den Titel „Mutter und Haupt der Kirchen in der Stadt Rom und des ganzen Erdkreises" führt.

2. Die ethische und kulturelle Brücke vom hessischen Herborn zur DDR

2.1 Die Gründung des Königreichs Preußen und der Brandenburgischen Sozietät der Wissenschaften

2.1.1 Friedrich I. (III.) und die Gründung des Königreichs Preußen

2.1.1.1 Die Eltern und Großeltern des ersten Preußenkönigs

Der Autor hat über seine Urahnen sowohl zu den Großeltern als auch zu den Eltern des ersten Preußenkönigs Bezüge. Eine Großmutter Friedrichs war die geborene Gräfin Amalie zu Solms-Braunfels, die 1625 den jüngsten Sohn vom Wilhelm I. von Nassau-Oranien und seiner hugenottischen Ehefrau Louise de Coligny, Prinz Friedrich Heinrich von Nassau-Oranien, heiratete.[5] Ein Vorfahre des Autors, Johann Georg Schäfer, war Gesandter beim Bruder von Amalie, Graf Johann Albrecht II. von Solms-Braunfels und seinem Sohn Heinrich Maastricht von Solms-Braunfels und spielte zusammen mit den beiden Grafen und den nassau-oranischen Prinzen und Statthaltern beim niederländischen Freiheitskampf eine bedeutende Rolle. Nach der Befreiung von Maastricht von spanischen Truppen im August 1632 wurde Graf Johann Albrecht II. Gouverneur der Stadt. Sein 1638 geborener Sohn, der 1689 als Infanteriegeneral auch die Machtergreifung von Wilhelm III. von Oranien als König von England, Schottland und Irland entscheidend mit unterstützte, erhielt daher Maastricht als zweiten Vornamen.

Luise Henriette von Nassau-Oranien, die älteste Tochter von Gräfin Amalie und Prinz Friedrich Heinrich, heiratete 1646 den

---

5   Der berühmte und auch als David verehrte niederländische Freiheitskämpfer Wilhelm I. von Nassau-Oranien wurde 1533 in Herborns Nachbarstadt Dillenburg geboren.

Kurfürsten von Brandenburg und Herzog in Preußen, Friedrich Wilhelm aus dem Hause Hohenzollern, der als der große Kurfürst in die Geschichte eingegangen ist und großherzig die Einwanderung von verfolgten Juden und Hugenotten nach Brandenburg unterstützte.[6] Auch Luise Henriette machte sich um das Land verdient und betätigte sich als wichtige politische Beraterin ihres Ehegatten. Friedrich Wilhelm schenkte ihr 1650 Amt und Stadt Bötzow nördlich der Residenzstadt Berlin-Cölln. Sie nutzte die Folgejahre zur flächenmäßigen Erweiterung ihres Besitzes und zum Aufbau eines kleinen Schlosses, das sie 1652 so wie auch die Stadt Bötzow nach ihrer Herkunft „Oranienburg" benannte. Später richtete sie im Schloss das erste europäische Porzellankabinett und in der Stadt ein Waisenhaus ein. 1667 erkrankte sie an Tuberkulose und starb. Ihr Ehemann folgte ihr 1688. Der einzige noch lebende Sohn des calvinistischen Ehepaars trat noch im gleichen Jahr als Kurfürst Friedrich III. die Nachfolge in Brandenburg und Preußen (Ostpreußen) an.[7]

2.1.1.2 Krönungszeremoniell und Krönungspredigten

Das Herzogtum Preußen war nach Loslösung der polnischen Lehnherrschaft 1657/58 unter Friedrich Wilhelm souverän geworden.[8]

Friedrich III. bemühte sich seit seiner Regierungsübernahme um Aufwertung des außerhalb des Heiligen Römischen Reichs liegenden Herzogtums zum Königreich. Dies war in seinem kurfürstlichen Stammland Brandenburg, das dem habsburgischen Kaiserreich angeschlossen war, nicht möglich.

---

6 Vgl. 1. Herman von Petersdorff (2004/1926), S. 215.
    2. Barbara Beuys (2012), S. 276-280.
7 Vgl. Hans Biereigel (2005), S. 46-51 u.89.
8 Vgl. Dariusz Makiłła (2004), S. 26 u. 27.

Im Jahr 1700 intensivierte er seine Bemühungen um Zustimmung an den europäischen Höfen und erreichte wenige Tage
nach dem Tod des letzten spanischen Habsburger Königs Karl
II. am 16. November 1700 das Einverständnis des römischen
Kaisers Leopold I. zur Standeserhöhung. Der Kaiser sicherte
sich damit die Unterstützung Friedrichs in einem sich abzeich-
nenden Erbfolgekrieg um die Spanische Krone.[9]

Die authentischste Quelle der „Preußischen Königsgeschichte"
stellt die Ausarbeitung von Johann von Besser dar, der diese
1702 im Auftrag des Königs in Preußen (nunmehr Friedrich I.)
fertigte.[10] Danach brach der gesamte Hof am 17. Dezember
1700 nach Preußen auf und erreichte am 29. Dezember (dem
Festtag Davids) die Hauptstadt Königsberg. Nach dem Krönungsakt mit Aufsetzen der Krone am 18. Januar 1701, den
Friedrich bei sich und seiner Gemahlin Sophie Charlotte aus
dem Hause Braunschweig-Lüneburg im Audienzsaal des
Königsberger Schlosses selbst vollzog, stand die Salbung des
Königspaars in der lutherischen Schlosskirche durch zwei eigens
zu Bischöfen ernannte reformierte und lutherische Theologen im
Mittelpunkt der Zeremonie.[11] Friedrich griff damit auf die
besonders im Römerbrief des Neuen Testaments verankerte
göttliche Legitimation des Herrschers zurück, die auch im
Heiligen Römischen Reich durch Salbung und Königseid als
konstitutiver Bestandteil der Krönungsliturgie übertragen wurde.
Der gesamte Ablauf der sakralen Handlung mit Psalmengesang
(David-Psalm 21) und der Berufung auf alttestamentarische
Vorbilder verdeutlichte, dass sich der neue König als von Gott
selbst gesalbt betrachtete. Die Königsberger Krönungspredigt
des Hofpredigers Benjamin Ursinus setzte Friedrich in der
Schlosskirche mit König Salomon gleich, der Gottes Gnade
empfangen habe. Sie stand unter dem Wort "Wer mich ehret,

---

[9] Vgl. Dorothea Zöbl (2001), S. 11 u. 12.
[10] Vgl. Iselin Gundermann (1998), S. 3 u. 5.
[11] Vgl. Johann von Besser (1702/1901), S. 9-12.

den will ich auch ehren" (1. Sam. 2, 30) und rühmte die bisherigen Verdienste Friedrichs gegenüber Land, Volk und Christentum mit der Bemerkung, dass auch der Fürst angehalten ist, Gott zu ehren.[12]

Im gesamten Herrschaftsgebiet Brandenburg-Preußen fanden an diesem Tag Gottesdienste mit weitgehend „verordneten Predigttexten" statt, die anders als die Königsberger Krönungspredigt einen Salbungstext aus Psalm 89 oder Verse aus dem Buch Daniel (Dan. 2, 20f.) des Alten Testaments zum Inhalt hatten. Sie wiesen auf die Legitimität der Krönung, die Salbung mit dem Gottesgnadentum und die Pflichten der Untertanen hin. Die jeweilige Auslegung stand allerdings im Ermessen des Pfarrers und führte zu durchaus unterschiedlichen Interpretationen.[13] Im Berliner Dom hielt der 1699 zum Senior der Böhmischen Brüderunität geweihte Hofprediger Daniel Ernst Jablonski, ein Enkel von Johann Amos Comenius, die Krönungspredigt über Psalm 89 , Vers 21 und 22, „Ich habe gefunden meinen Knecht David. Ich habe ihn gesalbt mit heiligem Öl. Meine Hand soll ihn erhalten und mein Arm ihn stärken", an die der evangelische Bischof Dr. Wolfgang Huber in einer Predigt zum 300. Jahrestag der Krönung im Berliner Dom am 18. Januar 2001 erinnerte. Unter Bezug auf David lobte Jablonski Friedrich als glaubenstreuen Fürsten, der sowohl als königliche Privatperson als auch für sein Amt mit der göttlichen Salbung die Weihe empfangen habe. Er bezeichnete ein Königreich als „das vollkommenste Ebenbild göttlicher Gewalt auf Erden"[14] und sprach an Friedrich die Mahnung aus, als König „gottselig, gerecht und maßvoll zu regieren", da Gott als höhere Instanz noch über den gekrönten Häuptern stehe. Die Untertanen

---

12   Vgl. Joachim Eibach (2002), S. 142-145.
13   Vgl. Esther-Beate Körber (2002), S. 21 u. 39.
14   Vgl. Esther-Beate Körber (2008), S. 112.

forderte er auf, dem König nach Gott die größte Ehrerbietung zu erbringen.[15]

Der 18. Januar ist evangelischer Gedenktag an das Bekenntnis des Petrus, über das alle vier Evangelisten im Neuen Testament berichten[16], und war bis zur Liturgie-Reform des Zweien Vatikanischen Konzils katholischer Festtag „Petri-Stuhlfeier" zur Erinnerung an die Übernahme des Bischofsstuhls durch Apostel Petrus in Rom (heute 22. Februar). Den besonderen Tag, seine Salbung und das spezielle Ansehen als Sakrament nutzte Friedrich, um seine Dialogfähigkeit mit Herrscherhäusern anderer Konfessionen, dem Vatikan und dem Deutschen Orden besonders zu unterstreichen und auch gegenüber der Bürgerschaft zu bekunden, dass er für den Staat stehe wie auch der heilige Petrus für die gesamte Kirche. Förderlich für die internationalen Beziehungen dürfte gewesen sein, dass sein Cousin Wilhelm III. von Oranien seit 1689 König von England, Schottland und Irland war. Er wurde nach erstrittener Vormundschaft von seiner Großmutter Amalie und seinem Vater am preußischen Hof erzogen.

In dem in den Krönungsakt eingebundenen Herborn hatte ein Bruder von Wilhelm I. von Nassau-Oranien, Graf Johann VI. von Nassau-Dillenburg, 1584 eine bedeutende calvinistische Hohe Schule errichtet. Die Stadtrechte erhielt Herborn 1251 durch den Römischen König Wilhelm von Holland, 800 Jahre nachdem das Konzil von Chalcedon eine in den abendländischen Kirchen nach wie vor gültige Lehrformel zur wahrhaft menschlichen und wahrhaft göttlichen Natur Jesu Christi in ein und derselben Person verabschiedet und dabei auch die Trinität zum Dogma erhoben hatte. Das kurz nach der Verleihung der Stadtrechte entstandene erste Stadtsiegel mit dem thronenden

---

[15] Vgl. Inken Schmidt-Voges, Thomas Stäcker u. Martin Gieseling (verantwortl.) (2013), e-learning Modul.

[16] Am ausführlichsten ist das Ereignis in der antiken Stadt Cäsarea Philippi in Palästina im Matthäus-Evangelium (Matth. 16, 13-20) dargestellt.

Petrus und den die ottonische und walramische Hauplinie begründenden nassauischen Grafen Otto I. und Walram II. in anbetender Haltung veranschaulicht nachdrücklich die besondere Schutzfunktion des Petrus als Nachfolger und Stellvertreter Jesu Christi auf Erden. Das Stadtsiegel entspricht dem heutigen Stadtwappen. Zwei Vorfahren der Grafen waren an der Gründung des Deutschen Ordens 1190 in Akko nördlich von Haifa zunächst als Hospitalbruderschaft „St. Marien-Hospital der Deutschen zu Jerusalem" beteiligt, der nach Erhebung in den Stand eines Ritterordens und Gebietseroberungen von den heidnischen Pruzzen 1230 einen Deutschordensstaat in Osteuropa errichtete. Diesem gehörte bis 1525 auch Ostpreußen an. Die Krönungsstadt Königsberg war in dieser Zeit über viele Jahre Sitz des Ordensmarschalls und des Hochmeisters.

Am 6. Mai 1701, sechs Monate vor dem 450. Stadtjubiläum Herborns, zog das Königspaar nach längeren Zwischenaufenthalten, u.a. in Schloss Oranienburg, unter begeisterter Anteilnahme der Bevölkerung mit 63 sechsspännigen Karossen in seine königliche Residenz, das Berliner Stadtschloss, ein. Es harmonierte mit dem sakralen Procedere der Krönungsfeierlichkeiten, dass Friedrich im folgenden Jahr seinen 14-jährigen Sohn, den späteren Soldatenkönig Friedrich Wilhelm I., von dem belgischen Künstler Anthoni Schoonjans in der Gestalt des biblischen Davids in Öl auf Leinwand malen ließ,[17]

2.1.2 Leibniz und die Gründung der Brandenburgischen Sozietät der Wissenschaften

2.1.2.1 Leibniz und die Herborner Enzyklopädiker

Die Hohe Schule in Herborn sollte nach der Hugenottenverfolgung und -vertreibung in Frankreich und dem maßgeblich

---

17 Vgl. Franziska Windt u.a. (Red.) (2001), S. 30.

auch von Calvinisten betriebenen Freiheitskampf in den Niederlanden mit Bilderstürmen, Hinrichtungen und revolutionären Umbrüchen die ethische calvinistische Lehre von der persönlichen Erwählung jedes Einzelnen durch Gott untermauern und verstärken.[18] Sie wurde aufgebaut nach dem Straßburger und Genfer Vorbild.[19] Die Lehre in den Fächern Theologie, Philosophie, Recht und Medizin unterschied sich substanziell nicht von dem Lehrprogramm der damals neuzeitlichen und avantgardistischen Universitäten, auch wenn der Hohen Schule auf Dauer Universitätsprivilegien, insbesondere das Promotionsrecht, versagt blieben. Eine berühmte Buchdruckerei, die in den ersten Jahrzehnten der Drucker und Verleger Christoph Corvinus bis zu seinem Tod im Jahr 1620 leitete, und eine Apotheke gehörten zur Hochschuleinrichtung.[20]

Die Namen einiger bedeutender Professoren in den Gründungsjahren, z.B. Caspar Olevian, Johann Piscator, Matthias Martinius, Johann Heinrich Alsted, Wilhelm Zepper, Georg Pasor, Johannes Bisterfeld und Johann Althusius, trugen dazu bei, dass sich zahlreiche Studenten aus europäischen Ländern in der Lehranstalt immatrikulierten und die Hohe Schule in den ersten vierzig Jahren ihres Bestehens einen europaweiten Ruf genoss. Der namhafteste Student war in dieser Zeit Jan Amos Comenius.

Gerhard Menk hat bei seinen tief schürfenden Analysen über die Reformationsgeschichte des Calvinismus und des verschwisterten Puritanismus und deren Rezensionen die beachtliche geographische Ausbreitung und das „besondere internationale Moment" dieser Konfession gewürdigt und dabei die internationale Verbreitung der Herborner Wissenschaft deutlich hervorgehoben.[21] Dabei bezog er auch neuere Forschungsergebnisse ein. Schwerpunkte der Verbreitung waren vor allem die Niederlande, England, Schottland, die Schweiz, Böhmen und Mähren, Nord-

---

[18] Vgl. Georg Schmidt-von Rhein (1986), S. 34.
[19] Vgl. Hugo Grün (1954), S. 132.
[20] Vgl. Rüdiger Störkel (2001), S. 126.
[21] Vgl. Gerhard Menk (2011), Einleitung: S. 17-126.

amerika, Frankreich und Siebenbürgen. Gewürdigt wurden u.a.
die nachhaltigen Auswirkungen einer beachtlichen Zahl Herborner Wissenschaftler einschließlich deren Schüler auf die Philosophie, Theologie und Jurisprudenz niederländischer Universitäten, der enorme Einfluss von Alsteds Enzyklopädie auf die
englischen, schottischen und nordamerikanischen Universitäten
und Akademien und der große „Vermittler geistiger Strömun-
gen" Comenius, der das calvinistische Bekenntnis und Ideengut
auch in den Pietismus einbrachte.[22] Der in seiner gedanklichen
Entwicklung maßgeblich von Martinius und Alsted geprägte
Comenius, einer der geistigen Gründerväter der UNESCO[23],
hielt sich nach der Schlacht am Weißen Berg (1620) und der
Verfolgung der protestantischen Böhmischen Brüder durch die
katholische Obrigkeit überwiegend im Exil in Polen, Deutschland, England, Schweden, Ungarn, Siebenbürgen und in den
Niederlanden auf. 1641/42 weilte er für zwei Jahre in England
und beeinflusste während des Bürgerkriegs zwischen den Verbündeten König Karls I. und denen des englischen Parlaments
mit seinem auf ein goldenes Zeitalter gerichteten chiliastischen
Denken ein neues englisches Bildungs- und Wissenschaftspro-
gramm. Dies wurde besonders auch von dem bekannten englischen Philosophen und Staatsmann Francis Bacon mit seinen
naturwissenschaftlichen Erkenntnissen und seiner Experimen-
tenlehre forciert.[24] Alsted, Lehrer auch von Bisterfeld, hinterließ
mit seiner Enzyklopädie großen Eindruck beim Präsidenten des
Yale College in Nordamerika, Cotton Mather, und wirkte mit
seinen wissenschaftlichen Ausarbeitungen und endzeitlichen
Vorstellungen ebenfalls massiv auf die Konfliktparteien im englischen Bürgerkrieg ein. Der nach kurzer Lehrtätigkeit in Herborn nach Oxford gewechselte Sohn von Georg Pasor, Matthias
Pasor, und die pansophischen Schriften Bisterfelds fanden

---

[22] Vgl. Gerhard Menk (1982), S. 294, 300 u. 317-325.
[23] Vgl. Werner Korthaase u. Klaus Hüfner (2005), S.19.
[24] Vgl. Jürgen Klein (1984), S. 21-25.

gleichfalls eindrucksvolle Beachtung in der englischen Politik und Wissenschaft.

Die frühe reformatorische Theologie beeinflussten dort auch Caspar Olevian und Johann Piscator, der auch auf Bildungseinrichtungen des kolonialen Amerikas Wirkung ausübte. In der Schweiz herrschte seine reformatorische Bibelübersetzung bis ins 19. Jahrhundert vor.

Weite Verbreitung in den Niederlanden und in England erlangte der Rechtsgelehrte Althusius. Mit seiner Widerstands- und Staatslehre bestärkte er u.a. John Milton, der nach puritanischer Erziehung in England für die Freiheitsrechte eintrat und die Enthauptung Karls I. rechtfertigte. Die Berufung Alsteds, Bisterfelds und Philipp Ludwig Piscators 1629/30 nach Siebenbürgen (Weißenburg) war schließlich ein herber Verlust für den Herborner Lehrbetrieb. Er ermöglichte andererseits nach Aussagen eines hohen siebenbürgischen Beamten in kürzester Zeit den Anschluss Siebenbürgens an die west- und mitteleuropäische Wissenschaft.[25]

Der junge Universalgelehrte Gottfried Wilhelm Leibniz befasste sich eingehend mit den Herborner Enzyklopädikern Alsted, Bisterfeld und Comenius, die bestrebt waren oder sich dafür einsetzten (Bisterfeld), das gesamte Weltwissen systematisch in einem Nachschlagewerk zugänglich zu machen. Besonders angespornt von dem Grauen des Dreißigjährigen Krieges standen sie für das neuplatonische-christliche Erbe von Panharmonie und Pansophie und traten für eine neue gewaltfreie und friedliche Kultur in Europa ein.[26] Die vom Lullismus hergeleitete Zusammenstellung des gesamten Wissens sollte ihrer Geisteshaltung zum Durchbruch verhelfen, die von einer tiefen Religiosität und Gottbezogenheit geprägt war. Sie versuchten, die „Integrationskraft der christlichen Religion" nach den enormen Konfessionsstreitigkeiten hervorzuheben und dem Antagonismus

---

[25] Vgl. Gerhard Menk (2011), S. 733 u. 734.
[26] Vgl. Konrad Moll (2008), S. 128 u. 129.

von Theologie und Naturwissenschaften mit ihren enzyklopädischen Arbeiten entgegenzuwirken.[27] Sie publizierten in der frühen Barockzeit und schöpften ihre Kenntnisse maßgeblich aus der Renaissance mit der Besinnung auf die klassische Antike, und hier vor allem auf Platon, Aristoteles und die Stoiker (u.a. Cicero). Bestimmend in Herborn war der vom französischen Philosophen Petrus Ramus ausgehende Ramismus, der sich zu einer verständlichen Logik in der Rhetorik, zum wissenschaftlichen Pragmatismus, zur Unsterblichkeit der Seele und zum vorherbestimmten gottgegebenen Schicksal jedes Einzelnen bekannte , und ein erneuerter Aristotelismus mit Bezügen zu den italienischen Aristotelikern und den spanischen Neuscholastikern.[28] Ramus hatte insbesondere die aristotelisch-scholastische Logik abgelehnt.

Mit ihrem logischen Ansatz bei Analyse und Synthese und ihrer Lehre von der gegenseitigen Durchdringung von Einheiten und Individuen auf der Erde und im Universum legten die Herborner Enzyklopädiker mit den Grundstock für die Monadentheorie von Leibniz, die bei ihm die kontinuierliche Ordnung von Raum und Zeit in der Welt widerspiegelte.
Die Reaktion des jungen Leibniz zu den Studien von Alsted, Bisterfeld und Comenius war zwar nie unkritisch, aber oft enthusiastisch.[29] Vor allem das mit einer universalen Harmonie verbundene religiöse Motiv beeinflusste in wesentlichen Teilen seine Philosophie[30] und regte ihn auch frühzeitig zur intensiven Befassung mit der Trinitätslehre an. Die im 17. Jahrhundert auf starken Widerhall stoßenden chiliastischen Vorstellungen dieser Philosophen und Religionsgelehrten teilte der junge Leibniz jedoch offenbar nur in der Zeit um 1670.[31] In späteren Jahren

---

[27] Vgl. Hubertus Busche (1997), S. 18.
[28] Vgl. Jan Rohls (2012), S. 75.
[29] Vgl. Leroy E. Loemker (1961), S. 328 u. 332.
[30] Vgl. 1. Konrad Moll (2002), S. 19.
          2. Christia Mercer (2001), S. 41 u. 42.
[31] Vgl. Konrad Moll (2008), S. 123.

war er der Meinung, dass bei der Lehre über das Millennium die Vergangenheit mit Christi Geburt, die Gegenwart und die Zukunft zu berücksichtigen sind. Eine Auffassung, die sich mit modernen theologischen Auslegungen deckt.[32]

Die brillante Leistung von Leibniz bestand darin, dass er die enzyklopädisch-pansophischen Lehren und Abhandlungen der Herborner Schule mit seinen eigenen Anschauungen und physikalischen und mathematischen Lehrmeinungen der neueren Philosophie bereicherte. Diese versuchten in der Regel, die Zusammenhänge in der Natur und im Universum und das Dasein Gottes mit strikter naturwissenschaftlicher und mechanistischer Denkweise zu erklären oder zu beweisen. Zu den führenden diesbezüglichen Wissenschaftlern und Philosophen zählten Francis Bacon, Thomas Hobbes, Pierre Gassendi, John Locke und vor allem René Descartes.[33] Leibniz wurde bereits durch seinen Jenaer Hochschullehrer Eberhard Weigel ab 1663 zu mathematisch-beweisenden Betrachtungen angeregt.[34]

Alsted hatte 1620 seine „Encyclopaedia cursus philosophici" und 1630 seine wesentlich umfangreichere „Encyclopaedia septem tomis distincta" veröffentlicht. Leibniz widmete sich den Darlegungen während seiner Mainzer Zeit als juristischer Berater im Dienst des Erzbischofs Johann Philipp von Schönborn von 1667 bis 1672. Er war von Alsteds Werken höchst angetan und bekundete die Absicht, die Enzyklopädie zu reformieren und auf den neusten Stand zu bringen.[35] Sie bestärkte ihn maßgeblich in seinem lebenslangen Bemühen, mit einer Universalwissenschaft, die er besonders in seiner „Scientia Generalis" vertiefte, das gesamte menschliche Wissen darzu-

---

[32] Vgl. Maria Rosa Antognazza and Howard Hotson (Texts edited with introduction and commentary) (1999), S. 209 u. 210.
[33] Vgl. Wilhelm Schmidt-Biggemann (2001), S. 1065.
[34] Vgl. Konrad Moll (2008), S. 128.
[35] Vgl. Leroy E. Loemker (1961), S. 333.

stellen und zu fundieren.[36] Dabei versuchte er, das praktische Leben mit einfachen Elementen auch mathematisch sichtbar zu machen und Sätze der Moral und Metaphysik mit einem verlässlichen Rechenverfahren zu bestimmen.[37]

Noch stärker als Alsted beeinflusste Comenius über Jahrzehnte das universelle und religiöse Denken von Leibniz. Dieser brachte 1671 seine außerordentliche Wertschätzung von Comenius in einem Nachruf in lateinischer Sprache zum Ausdruck[38], in dem er u.a. ausführte:[39]

> „Glückseliger Greis, neuer Bewohner der wahren Welt, [...]. Gib die Hoffnung nicht auf, deine Werke überdauern den Tod, und der Acker bewahrt den nicht vergeblich gesäten Samen. Nicht allzu spät wird die Nachwelt ernten, schon steht die Ernte im Halm. Das Schicksal weiß die rechte Zeit zu beachten; allmählich offenbart sich die Natur. Wir dürfen gemeinsam teilhaben am Glück, wenn wir nur unser Streben vereinen. Es wird die Zeit kommen, da die Menge der Guten dich, Comenius, und deine Werke und Hoffnungen, ja selbst deine innigsten Wünsche sorgsam studieren wird."
>
> (übersetzt von Andreas Fritsch)

Konrad Moll ist der Überzeugung, dass Comenius das „verbindende Mittelglied" zwischen Alsted und Leibniz und dessen enzyklopädischem Ansatz darstellte.[40] Siegfried Wollgast meint überdies, dass Leibniz zu Recht durchgängig in enger Verbindung mit Comenius gesehen wird.[41] Der Universalgelehrte und der mährische Philosoph und Didaktiker teilten beide die Auffassung, dass der Universalismus in der praktischen Umsetzung

---

36   Vgl. Wilhelm Schmidt-Biggemann (2001), S. 1043.
37   Vgl. Marion Lauschke (2007), S. 35 u. 36.
38   Vgl. Dmitrÿ Tschižewskij (1996), S. 107.
39   Zit. nach Hartmut Hecht (2005), S. 379 u. 380.
40   Vgl. Konrad Moll (2008), S. 118.
41   Vgl. Siegfried Wollgast (2005), S. 246.

insbesondere zur Versöhnung von Wissenschaft und Religion und der Völker und Staaten genutzt werden sollte.[42] Sie setzten sich auch mit der Gründung einer internationalen Vereinigung der Nationen unter Einbeziehung eines umfassenden Völkerrechts auseinander und können somit als Mitbegründer der Idee des Völkerbundes und der Vereinten Nationen bezeichnet werden.[43] Zur Bündelung des Universalwissens widmeten sie sich intensiv der Gründung europäischer Akademien, die bereits in einigen Fällen im 17. Jahrhundert entstanden waren, z.B. die Académie Française (1635) und die Deutsche Akademie der Naturforscher Leopoldina unter dem damaligen Namen Academia Naturae Curiosorum (1652). Im Gegensatz zu Leibniz war es Comenius jedoch nicht vergönnt, eine eigene Akademie zu gründen und dieser vorzustehen. Ungeachtet dessen beteiligte er sich jedoch an Reformplänen bei der Errichtung der Royal Society in England und konkretisierte seine Pläne während seines dortigen Aufenthalts in seinem Werk „Via Lucis". Dieses wurde jedoch erst 1668 nach Gründung der Royal Society (1662) gedruckt.[44]

Bisterfelds posthume Veröffentlichungen über das Harmonieverständnis würdigte der junge Leibniz überschwänglich. Sie formten schon 1666 bei ihm die Idee einer Universalharmonie.[45] Für Bisterfeld, der bei seinen Überlegungen alle Kreaturen in die göttliche Vollkommenheit einbezog, war die Trinität der „Schlüssel für die mathematische Struktur des Kosmos". Er vertrat die Hypothese von der universellen wechselseitigen Verbindung aller Dinge oder Wesen, die in der „Panharmonie des Seienden" oder in der „im-meatio" kenntlich gemacht werden könnte. Die reale Wirklichkeit war seines Erachtens nicht durchschaubar, wenn ein Element aus dem Komplex seiner Beziehun-

---

[42] Vgl. Dmitrỹ Tschiżewskij (1996), S. 106.
[43] Vgl. 1. Klaus Hüfner (2005) S. 26-30.
      2. Joachim March (1948), S. 76-79.
[44] Vgl. Conrad Grau (2005), S. 479-481.
[45] Vgl. Dmitrỹ Tschiżewskij (1996), S. 104.

gen herausgelöst wird. Sehr wohl könnte jedoch jede Vielfalt auf eine Einheit zurückgeführt werden.[46] Aufgrund der Beziehungsstrukturen ließe sich die Welt mit einem Netzwerk von proportionalen harmonischen Verbindungen darstellen.[47] Leibniz kommentierte oder unterstrich diese Ausführungen. Er bekundete damit, dass die Darlegungen nach seiner Meinung plausibel sind für eine Erschließung des Kosmos und einen enzyklopädischen Ansatz, der von einem dynamischen Bezug zwischen allen Dingen und einer „Struktur der vollständigen Durchdringung" ausgeht.[48] Die Weiterentwicklung dieser Harmoniesicht führte ihn letztendlich zu seiner Monadologie (1714) und der Auffassung, dass die Materie aus unendlich vielen individuellen Substanzen bzw. Monaden besteht. Er unterschied zwischen gewichtigen und nachrangigen Monaden, die als Kräfte oder Kraftzentren die ungeplanten Prozesse in der Natur bewirken und beseelte körperliche Wesen im Verbund mit dem Kosmos darstellen. Als „lebendige Spiegel" des Weltalls repräsentieren sie nach dieser metaphysischen Ansicht das ganze Universum und die Ordnung in der Welt und begründen als selbstbewusste moralische Wesen die „Unsterblichkeit der menschlichen Seelen".[49]

Bereits 1686 hatte Leibniz mit seiner Krafttheorie den cartesianischen Denkansatz von der Erhaltung der Bewegung mit ausschließlicher Ausdehnungsmöglichkeit weitestgehend verworfen. Er erspürte in der Materie eine berechenbare Größe, die er als das Treibende im Naturprozess ansah und als tätige Kraft bezeichnete. Damit erkundete er die Energie in Bewegung und erkannte vorausschauend auch die Kraft- oder Energieerhaltung

---

46   Vgl. Massimo Mugnai (1973), S. 59.
47   Vgl. Thomas Leinkauf (1996/97), S. 89 u. 90.
48   Vgl. 1. Hubertus Busche (1997), S. 21 u. 22.
          2. Thomas Leinkauf (1996/97), S. 89-92.
49   Vgl. 1. Paul Sickel (1918/20), S. 14 u. 15.
          2. Hans Börnsen (1985), S. 44.
          3. Wilhelm Schmidt-Biggemann (2001), S. 1065 u. 1073.

als universelles Naturgesetz an.[50] Der Jurist Leibniz äußerte sich auch zum Widerstandsrecht. Er sah dies als ultima ratio an. Widerstand war seines Erachtens nur erlaubt, wenn der Herrschende gewalttätig und willkürlich handelte.[51] Die Menschen begriff er als „Legaten Gottes". Für den Gläubigen müsse Gott als einziger vollkommener Monarch den Widerstand gut heißen.[52] Leibniz, auf dessen Widerstandslehre auch Althusius Einfluss ausgeübt hatte, war der Meinung, dass die Reichsverfassung mit mannigfachen Herrschaftsstrukturen, etwa ständische Gliederung und fürstliches Herrschaftsprinzip, Möglichkeiten zur Herrschaftsbegrenzung enthalte.[53]

Der Rechtsgelehrte Althusius hatte 1603 mit seiner in Herborn veröffentlichten „Politica Methodice Digesta" erstmalig in Deutschland den Versuch unternommen, ein rationales System der Gesellschaftslehre zu entwerfen. In einer 1610 und 1614 erweiterten Auflage wurden der Tyrann und die Widerstandslehre behandelt. Das bei ihm auf wenige Fälle beschränkte Widerstandsrecht war ebenfalls religiös begründet.[54] Ein zwischen Volk und Monarch abgeschlossener Herrschaftsvertrag wäre hinfällig, wenn der Monarch seine religiösen Pflichten verletzen und gegen das Heil des Volkes regieren würde.[55] Das Widerstandsrecht gegen die Obrigkeit räumte Althusius maßgeblich den Ephoren (Ständen) ein, die für die Erhaltung der göttlichen Ordnung zu sorgen und im Namen des Volks die Rechte gegenüber dem Herrscher zu vertreten hätten. Sie seien verpflichtet, einen Tyrannen abzusetzen.[56] Ein Tyrann, der widerrechtlich die Staatsgewalt an sich risse, könnte nach Auffassung des calvi-

---

[50]   Vgl. 1. Dietrich Mahnke (1924), S. 32 u. 34.
          2. Herbert Breger (2001), S. 2.
          3. Joachim March (1948), S. 59.
[51]   Vgl. Luca Basso (2011), S. 145-147.
[52]   Vgl. Hubertus Busche (1997), S. 353 u. 354.
[53]   Vgl. Luca Basso (2011), S. 151.
[54]   Vgl. Georg Schmidt-von Rhein (1986), S. 39 u. 40.
[55]   Vgl. Heinrich Schlosser ((1935), S. 110.
[56]   Vgl. Iring Fetscher u. Herfried Münkler (Hrsg.) (1985), S. 245.

nistischen Monarchomachen „von jedermann angegriffen und vertrieben oder getötet werden".[57]

---

[57]   Vgl. Gerhard Müller u.a. (Hrsg.) (2003), S. 758.

JOHAN. ALTHUSII,
u. J. D.

POLITICA

Methodicè digesta atque ex-
emplis sacris & profanis
illustrata;

Cui in fine adjuncta est

ORATIO PANEGYRICA,

De necessitate, utilitate & antiqui-
tate scholarum.

Editio tertia, duabus prioribus mul-
to auctior.

Herbornæ Nassoviorum. 1614.

Die Vignette Elias mit den Raben
des Herborner Druckers und Verlegers Christoph Corvinus
auf der Titelseite der „Politica" des Johann Althusius

2.1.2.2 Die Gründung der Brandenburgischen Sozietät

2.1.2.2.1 Sozietäts-(Akademie-)planung und Krönungsziel als Einheit

Im April 1673 wurde Leibniz Mitglied der Sozietät in London und im März 1700 auf Geheiß König Ludwigs XIV. der Akademie in Paris. Akademieentwürfe fertigte er in späteren Jahren u.a. für Dresden und Petersburg, letzteren nach Konsultationen mit dem russischen Zaren Peter dem Großen.[58] 1697/98 führten zwei Entwicklungen zu konkreten Akademieplänen in Brandenburg, an denen die wissenschaftlichen Hauptakteure der Akademiegründung, der im hannoverschen Dienst des Welfenhauses stehende Bibliothekar und Hofrat Leibniz und der preußische Hofprediger am Dom zu Berlin Daniel Jablonski beteiligt waren. Sie wurden beauftragt, die Bemühungen zur Bildung einer Union zwischen Lutheranern und Reformierten erneut anzugehen, um Wissenschaft und Religion ganz auch im Sinne von Comenius zum Wohle der Menschheit zu verknüpfen.[59] Etwa zur gleichen Zeit begünstigte das Interesse der brandenburgischen Kurfürstin Sophie Charlotte an der Errichtung einer Sternwarte die Aktivitäten zur Realisierung dieses Vorhabens in Kooperation mit einer Akademie. Die Gründung der Kurfürstlichen Brandenburgischen Sozietät erfolgte am Geburtstag Kurfürst Friedrichs III., am 11. Juli 1700, mit Leibniz als Präsident. Daniel Jablonski gehörte dem Concilium an. Das Aufgabengebiet umfasste erstmals in Europa den Gesamtbereich der Wissenschaften mit Naturwissenschaften, Mathematik, Medizin und philosophisch-historisch-philologischen Disziplinen.[60] Der Kurfürst erweiterte und forcierte die anspruchsvollen Akademiepläne und betrachtete die Gründung als günstige Gelegen-

---

[58] Vgl. Kuno Fischer (2009), S. 206 u. 218-223.
[59] Vgl. 1. Katrin Joos (2012), S. 224.
    2. Conrad Grau (2000), S. 15.
[60] Vgl. Conrad Grau (1993), S. 60-65.

heit, um seine seit Jahren erhobene Anwartschaft auf eine Königskrone zu unterstreichen.[61]

2.1.2.2.2 Die Sozietät unter der Präsidentschaft von Leibniz und Jablonski

Mit der Entwicklung des Gregorianischen Kalenders in den protestantischen Staaten und dem Kalender-Privileg für Brandenburg-Preußen erhielt die Sozietät eine zentrale Aufgabe, um mit Eigenmitteln die künftige Finanzierung der Institution sicherzustellen.[62] Auch ein Seidenwerk sollte nach den Vorstellungen von Leibniz dieser Zielsetzung dienen, erwies sich jedoch bald als finanzieller Fehlschlag. Denkschriften und Memoranden der Sozietät in dieser Zeit waren u.a. darauf gerichtet, das Königtum Preußen völkerrechtlich abzubilden und zu konsolidieren und die oranischen Erbansprüche von König Friedrich I. zu begründen.[63]

Andere Vorschläge und Projekte zielten in den ersten Jahren darauf ab,[64]

- mit Entwässerungsmaßnahmen zur Landgewinnung für landwirtschaftliche Nutzflächen und zur Binnenschifffahrt beizutragen,
- den gesamten Buchmarkt in Brandenburg-Preußen durch die Sozietät zu beaufsichtigen,
- der Sozietät im Unterrichtswesen weitgehende Befugnisse zu übertragen, etwa die Gestaltung einheitlicher Schulbücher,
- mit Nachwuchswissenschaftlern Missionsaufgaben in China und im Orient zu erfüllen und
- die Kirchengeschichte und die Geschichte der Hohenzollern weiter zu erforschen.

---

[61] Vgl. Katrin Joos (2012), S. 117 u. 118.
[62] Vgl. Conrad Grau (2000), S. 16 u. 17.
[63] Vgl. Hans-Stephan Brather (Hrsg.) (1993), S. XXXIII.
[64] Vgl. derselbe, S. 123-128.

Die Sternwarte wurde nach Fertigstellung 1709 an die Sozietät übergeben. Ein Jahr später erschien die erste wissenschaftliche Publikation, die „Miscellanea Berolinensia", mit 60 Abhandlungen. Obwohl Leibniz selbst zwölf Beiträge zu dieser Publikation lieferte, nahm ab diesem Jahr sein Einfluss in Berlin ab. Seine Doppelfunktion in Hannover und Berlin, die Einsetzung eines dem preußischen Hof besonders nahestehenden Ehrenpräsidenten der Sozietät (Marquard Ludwig Freiherr von Printzen) sowie Festlegungen über eine Satzung und das Präsidentengehalt leiteten seine Entmachtung ein. Dies setzte sich auch nach der offiziellen Konstituierung der Sozietät (1711) bis zu seinem Tod im Jahr 1716 fort.[65]

Daniel Jablonski wurde wegen seiner Verdienste um die Sozietät von 1733 bis 1741 zum Präsidenten erwählt. Vorher war er bereits im Wechsel mit anderen Conciliumsmitgliedern achtmal Vizepräsident und hatte die Konsolidierung der Institution maßgeblich mit vorangetrieben. Zwischen 1723 und 1743 war er an sechs Bänden der „Miscellanea Berolinensia" beteiligt.[66]

2.1.2.2.3 Wissensaustausch der Sozietät mit Universitäten und anderen Hochschuleinrichtungen

Die Sozietät, der in späteren Jahren so bedeutende Wissenschaftler wie Alexander und Wilhelm von Humboldt und Jacob und Wilhelm Grimm angehörten und die sich dann besonders auch in der Antikenforschung und bei klassischen Studien einen Namen machte, bereicherte die wissenschaftliche Kommunikation mit anderen Einrichtungen in Deutschland und in Europa. Im Zuständigkeitsbereich des Kurfürsten von Brandenburg bestanden bereits vor Gründung der Sozietät vier Universitäten, in Frankfurt an der Oder (seit 1506), in Königsberg in Preußen (1544), in Duisburg (1655) und in Halle an der Saale (1694), die

---

[65] Vgl. Conrad Grau (1993), S. 67 u. 71.
[66] Vgl. Conrad Grau (2000), S. 22 u. 23.

wesentlich mit zum Wissensaustausch beitrugen.[67] Nach dem Deutschen Krieg von 1866 fielen Preußen mit Marburg, Kiel und Göttingen drei weitere sehr anerkannte Universitäten zu und erweiterten die bereits bestehenden Kontakte zur Sozietät.[68] Diese nahm bis 1716 152 Mitglieder der bürgerlichen Intelligenz auf, die alle der protestantischen Konfession angehörten. Unter den 40 Professoren waren auch einige an hessischen Universitäten oder Bildungseinrichtungen in Marburg, Gießen und am Carolinum in Kassel tätig. Der 1714 als Mitglied aufgenommene reformierte Berliner Hofprediger und Religionslehrer der königlichen Kinder Johann Ernst Andreae stammte aus Herborn. Sein Vater Samuel Andreae, Theologe und Philosoph, hatte von 1665 bis 1674 eine Dozentur an der Hohen Schule inne, die ebenfalls einen intensiven Wissensaustauch mit protestantischen Universitäten betrieb.[69] Zu den gut vernetzten Herborner Professoren gehörten u.a. auch Wilhelm Bernhard Nebel (Ordinarius für Mathematik, Physik und Arzneigelehrsamkeit) und Theodor Philipp Schacht (Ordinarius für Medizin), die 1723 und 1725 mit den mythologischen Namen „Achilles III." und „Agenor" in die Kaiserliche Akademie der Naturforscher Leopoldina-Carolina als Mitglieder aufgenommen wurden.[70]

2.2 Natur- und Kosmosverständnis sowie Unsterblichkeitsphilosophie bei Leibniz, Comenius und Goethe

Leibniz hatte 1666 unter dem Dekanat von Goethes Urahn Johann Wolfgang Textor seine „Disputatio de casibus perplexis in jure" absolviert.[71] Er und der Dichterfürst waren sich in ihrer Geisteshaltung und ihrem vom Neuplatonismus und Pantheis-

---

[67] Vgl. Conrad Grau (2000), S. 10 u. 11.
[68] Vgl. Conrad Grau (1998), S. 43 u. 44.
[69] Vgl. Hans-Stephan Brather (Hrsg.) (1993), S. 327-328 u. 338.
[70] Vgl. Dieter Wessinghage (1984), S. 62 u. 65.
[71] Vgl. Hubertus Busche (1999), S. 169.

34

mus geprägten Weltbild sehr ähnlich. Beide hatten sich, wenn auch mit unterschiedlichen Befunden, intensiv mit der Lehre des niederländischen Philosophen der Aufklärung Baruch de Spinoza über die Einheit von Gott und Natur und die spirituelle Liebe des Menschen zu Gott als ethische Gesinnung auseinandergesetzt. Es ist deshalb einleuchtend, dass auch Goethe mit seinem Weltbild in enger Beziehung zu den Herborner Pansophen stand. Affinitäten gab es auch beim universellen Harmonieverständnis, bei der Deutung der Natur und ihrer Kausalitäten und bei der humanen und ehrfürchtigen Lebensauffassung. Die Harmoniemaxime in ihrer vollkommenen Ausgestaltung bekräftigte bei allen vornehmlich die Existenz Gottes. Der Poet versuchte sich ihr künstlerisch, ästhetisch und mit schöpferischer Phantasie zu nähern, die Philosophen – vornehmlich Leibniz – mit Forschung, Wahrheitssuche und Denkfähigkeit. Für Goethe und Leibniz war gleichwohl die Harmonie ein ethisches Grundmotiv, das ihre Kreativität weckte und sie zu unermüdlichem Schaffen anregte. Das Mondiale wurde bei ihnen durch das ewig strebende Bemühen von Einzelpersönlichkeiten erreicht. Bei beiden verkörperten somit Mikrokosmos und Makrokosmos das Leitbild der vollkommenen Universalharmonie.[72]

Die Deutung der Natur als Ganzheit erklärten sie mit innewohnenden Kräften. Dies führte zu den Urphänomenen und zur Naturgesetzlichkeit der Metamorphose bei Goethe und zu der von innerer Dynamik getriebenen Monadologie bei Leibniz. Diese machte sich auch Goethe in Anlehnung an die Entelechie des Aristoteles bei seiner Morphologie zu eigen. Er veranschaulichte damit das auf Unsterblichkeit gerichtete „Vollendungsstreben".[73] Leibniz begründete mit der angenommenen stetigen Einheit von Körper und Seele bei den Monaden ebenfalls die Unsterblichkeit des Individuums. Dabei bemühte er sich um spirituelle Erklärungsversuche und unterschied aus theologischen Erwägungen zwischen einer Unvergänglichkeit bei Tieren

---

[72] Vgl. Dietrich Mahnke (1924), S. 30 u. 70-71.
[73] Vgl. Gero von Wilpert (1998), S. 272 u. 715.

und der Unsterblichkeit des gläubigen Menschen. Er widersprach damit den Auffassungen, die lediglich von einer Unsterblichkeit der Seele ausgingen und oft die Seelenwanderung ins Kosmische unterstellten.[74] Goethe meinte im Gegensatz zu Leibniz, dass es Weltmonaden und Weltseelen im Universum gibt, die eine höhere Stufe der Wesen im Kosmos verkörpern.[75] Der lutherisch erzogene Poet empfand bereits im frühen Kindesalter eine tiefgründige gottesfürchtige Verehrung für die Schöpfung, einschließlich Pflanzen, Tiere und der Bewegung der Sterne, und befasste sich bis zu seinem Lebensabend intensiv mit diesbezüglichen Fragestellungen.[76]

In seinem Alterswerk „Wilhelm Meisters Wanderjahre" beschrieb er in III, Kap. 15, in einem „symbolischen Märchen" die übernatürliche Makarie als eine mystische Person, die auf rätselhafte Weise mit dem Kosmos verbunden ist. „Sie wandelt seit ihrer Kindheit um die Sonne und zwar, wie nun entdeckt ist, in einer Spirale, sich immer mehr vom Mittelpunkt entfernend und nach den äußeren Regionen hinkreisend."[77] Dies sollte offenbar die Beziehung zwischen Mikro- und Makrokosmos verdeutlichen, die Goethe bezogen auf die sinnbildliche Darstellung des unendlichen Universums auch in dieser Dichtung „Entelechie" nannte.[78] Das übersinnliche Wesen der Makarie wird auch noch in einem Gespräch Wilhelms mit dem Astronomen auf der Sternwarte sichtlich, das Wilhelm die Augen für die Herrlichkeit des Weltalls öffnet (I, Kap. 10). Dies gab den Anstoß zu seinem Traum, in dem er die auf Wolken schwebende Makarie als „erhabene heilige Gestalt" sah. Gonthier-Louis Fink u.a. verglichen in ihrem Kommentar die Darstellung Goethes mit Bildern von Mariä Himmelfahrt.[79] Paul Sickel stellte bei

---

[74] Vgl. Kuno Fischer (2009), S. 379-382.
[75] Vgl. Paul Sickel (1918/20), S. 12-13.
[76] Vgl. Johann Wolfgang Goethe (1985), S. 48.
[77] Johann Wolfgang Goethe (1991), S. 677 u. 1204.
[78] Vgl. Armin Westerhoff (2004), S. 141 u. 142.
[79] Vgl. Johann Wolfgang Goethe (1991), S. 1128.

diesen Betrachtungen ebenfalls einen Bezug zum Überleben der Seele nach dem Tod her und sah dies als eigentlichen Ausgangspunkt für die Monadentheorie Goethes an.[80] Diesen mit der geistigen Unzerstörbarkeit der Monade verbundenen Unsterblichkeitsgedanken brachte Goethe auch im fünften Akt von Faust II mit der Zeilenkommentierung „Engel (schwebend in der höheren Atmosphäre, Faustens Unsterbliches tragend)" zu nachfolgender Dichtung zum Ausdruck:[81]

> „Gerettet ist das edle Glied
> Der Geisterwelt vom Bösen.
> »Wer immer strebend sich bemüht
> Den können wir erlösen.«
> Und hat an ihm die Liebe gar
> Von oben Theil genommen,
> Begegnet ihm die selige Schar
> Mit herzlichem Willkommen."

Auch hier vollzieht, sich umrahmt von irdischen Felsabgründen, Waldungen und Berggipfeln und einer mittelalterlichen Szenerie, die Entkörperung der menschlichen Seele und der Aufstieg ins Weltall zu einer höheren Entelechie.

Comenius, der in Herborn während seiner Studienzeit die Naturphilosophie Alsteds – „Cosmologia" (1611) und „Physica harmonica" (1612) – ergründete, versuchte mit seiner Kosmologie und seinen naturbezogenen didaktischen und philosophischen Schriften, insbesondere in „Mundus materialis" (Teil der Pansophia in seinem pansophischen Hauptwerk „Consultatio catholica") die Schöpfungsgeschichte der Bibel mit naturwissenschaftlichen Erkenntnissen und seiner Naturphilosophie zu verbinden. Dabei oblag es den Menschen als Geschöpfe Gottes die Natur zu vollenden und nicht, wie bei Descartes, die Natur

---

[80] Vgl. Paul Sickel (1918/20), S. 14.
[81] Johann Wolfgang Goethe (1997), S. 346.

zu beherrschen.[82] Comenius nahm in seiner Metaphysik von weiteren empirischen und rationalen Erkundungsversuchen Abstand und führte in seiner „Physica" (1633) die innere Dynamik der Organismen in der gottdurchwalteten Natur[83] auf den übersinnlichen Geist oder den Odem Gottes zurück. Er war der Meinung, dass er zusammen mit Stoff und Licht das Leben von Pflanzen, animalen Wesen und auch der Menschen entfache. Ursprünglich entstanden durch einen aus der Kraft Gottes ausgegossenen Weltgeist bewohne und belebe er alle Körper in Form einer beseelten unsichtbaren Substanz und entfalte Schöpferkraft.[84] In der naturverbundenen und spirituell-bildlichen Sprache des Comenius ist der Mensch, bei dem Sterbliches und Unsterbliches sich verbinden, ein „Klumpen Lehm", in dem eine „unsterbliche und ewige Seele wohnt".[85] Bei gebührender Erziehung würde der Mensch zu Gottes Ebenbild auf Erden, der das himmlische und irdische Wesen vereint.[86] In seinem pädagogischen Werk „Pampaedia" (Allerziehung) bezeichnete er die siebte und letzte Lebensphase des Menschen als „Die Schule des Greisenalters" (Kap. XIV). Durch eine bis zuletzt andächtige und gottbezogene Lebens-weise würde danach ein jeder Greis selbst im Tod so trium-phieren, „dass der Triumph übergeht in eine nie endende Ewigkeit". An anderer Stelle äußerte er auch: „Der Hafen unseres Lebens ist der Tod, das Heimatland ist der Himmel."[87]

Comenius, Goethe und Leibniz waren der Auffassung, dass die zeitgenössische mechanische Naturphilosophie bei ausschließ-licher Betrachtungsweise zu einer Verarmung der Welt führe, da

---

[82] Vgl. 1. Pavel Floss (2001), S. 42.
       2. Jaromír Červenka (1970), S. 27, 32 u. 88.
[83] Vgl. Matthias Scherbaum (2008), S. 91.
[84] Vgl. Hans Börnsen (1985), S. 118-120.
[85] Vgl. Johann Amos Comenius (1970), S. 23 u. 24.
[86] Vgl. Sigurd Hebenstreit (2006), S. 85-120.
[87] Johann Amos Comenius (1991), S. 282 u. 295.

sie die Lebenskraft der Wesen oder Organismen und die innere Dynamik von Körpern und Materie außer Acht lasse.[88]

Goethe als Augenmensch war stets bestrebt, die Schönheit und Vielfalt der Natur einschließlich ihrer Abläufe sichtbar zu machen. Seines Erachtens ließ sich die sinnliche Erfassung der Phänomene nicht durch mathematische Berechnungen oder Verknüpfungen substituieren.[89] Mit seiner ästhetischen Anschauung sah er wie nur wenige Zeitgenossen auch die Komplikationen der einsetzenden industriellen Revolution in Europa voraus. Er beschrieb und reflektierte die Probleme des gesellschaftlichen Umbruchs „Im Maschinenzeitalter" in seinen Wanderjahren und stellte dar, dass der Wandel nicht nur zur Verarmung ganzer Berufsstände und zu einförmigen Lebensformen führe, sondern auch zur Ausbeutung von Natur und Naturressourcen.[90] Er sprach von weiträumigen landwirtschaftlichen und gärtnerischen Flächen, reichlich bebauten und unästhetisch wirkenden Bezirken und von Nutzungsbeschränkungen bei Bächen, Flüssen und Seen, die das Landschaftsbild im Besiedlungsbereich bestimmen.

2.3 Ethische Perspektiven des Widerstands gegen Hitler

2.3.1 Das ethische Fundament des Widerstands und der erwogene Boykott der Olympischen Sommerspiele 1936 in Berlin

Der mit Otto Schäfer verknüpfte Auftakt des Staatsputschversuchs Hitlers am 8. November 1923 in München und der Deutsche Wandertag 1927 in Herborn, genau 1400 Jahre nach der Gründung des Katharinenklosters auf der Halbinsel Sinai durch Kaiser Justinian I., offenbarten bereits in der Weimarer Repu-

---

[88] Vgl. Hartmut Hecht (2005), S. 383.
[89] Vgl. Marion Lauschke (2007), S. 124.
[90] Vgl. 1. Johann Wolfgang Goethe (1991), S. 493.
　　　2. Günter Saße (2010), S. 11.

blik einen ambivalenten Umgang mit der verantwortungs-
bewussten Friedensethik. Das große Wanderereignis in Herborn
mit 20.000 Teilnehmern hatte in mehreren Punkten einen sehr
augenfällige Bezug zu Johann Wolfgang Goethes Alterswerk
„Wilhelm Meisters Wanderjahre" und konnte am Rande des
famosen Freizeiterlebnisses durch eine lockere Strukturenbil-
dung mit dazu beitragen, die massenhafte Emigration vornehmlich osteuropäischer Juden in die USA und nach Palästina über
Deutschland zu erleichtern.[91] Eine ganze Reihe von Familien
mit einflussreichen internationalen Verbindungen engagierten
sich ab diesem Zeitpunkt in einem losen Netzwerk des Widerstands, um der Verfolgung der Juden entgegenzuwirken und Hil-
fen bei der Auswanderung zu leisten. Neben den Familien
Schäfer/Kunze und Pech/Kraft, Dänhardt und einer Reihe von
Freunden und Vertrauten aus Herborn und der Lahn-Dill-Region
waren auch Familien mit preußischer Tradition bereits in den
ersten Jahren an der Strukturierung beteiligt, z.B. der langjährige
Präsident der Deutschen Liga für den Völkerbund Johann
Heinrich Graf von Bernstorff, der Diplomat an der Londoner
Botschaft Albrecht Graf von Bernstorff, der Sohn des Präsi-
denten des Reichsarchivs in Potsdam Hans Bernd von Haeften,
der entfernt mit den Hohenzollern verwandte höhere Beamte
Peter Graf Yorck von Wartenberg, der konservative Politiker
und Sohn eines preußischen Rittmeisters Ewald von Kleist-
Schmelzin, der Völkerrechtler Helmut James Graf von Moltke
und der spätere Diplomat und Sohn eines preußischen Kultus-
ministers Adam von Trott zu Solz. Auch der Professor an der
Pädagogischen Akademie in Halle/Saale Adolf Reichwein, der
Jugendreferent der ökumenischen Bewegung Dietrich Bon-
hoeffer, der gelernte Holzbildhauer und hessische Innenminister
Wilhelm Leuschner, der württembergische Staatspräsident
Eugen Bolz, der Dozent und liberale Reichstagsabgeordnete
Theodor Heuss und seine Ehefrau Elly Heuss-Knapp und der
spätere Oberbürgermeister der Stadt Frankfurt am Main Walter

---

[91]   Vgl. der Autor (2011), S. 11 u.12.

Kolb wirkten frühzeitig bei der Ausgestaltung mit. Bedeutende jüdische Persönlichkeiten unterstützten ebenso von Anbeginn die Auswanderungsbestrebungen und waren bei der Strukturierung integriert, z.B. Leo Baeck, der Hochschullehrer und Philosoph Martin Buber und der langjährige Präsident der Zionistischen Weltorganisation Chaim Weizmann.

Nach der im Oktober 1929 beginnenden Weltwirtschaftskrise mit zuletzt über sechs Millionen Arbeitslosen im Deutschen Reich (Februar 1932) und enormen Stimmenzuwächsen für die NSDAP setzten massive in- und ausländische Bemühungen ein, um den Gefahren einer erneuten, vom Extremismus geschürten Staatskrise entgegenzuwirken. Besonders evident waren die Vergabe der XI. Olympischen Sommerspiele im Mai 1931 an Berlin und die auf ethische Verantwortung ausgerichteten Aktivitäten im Goethejahr 1932. Dazu gehörten u.a. die Goethe-Tagung des „Comité Permanent des Lettres et des Arts" des Völkerbundes im Frankfurter Römer und im Opernhaus, die Festlegung des bereits um 1600 auch in hebräischer Fassung vorliegenden Wilhelmusliedes, das an Wilhelm I. von Nassau-Oranien erinnert, als niederländische Nationalhymne und die Wahl von Franklin D. Roosevelt an Otto Schäfers 30. Geburtstag zum 32. Präsidenten der USA. Die Ernennung Hitlers zum neuen Reichskanzler am 30. Januar 1933 durch Reichspräsident Paul von Hindenburg konnte jedoch aufgrund des Stimmenvotums für die NSDAP bei der Reichstagswahl im November 1932 nicht mehr verhindert werden.

Die nun verstärkt einsetzende üble Diskriminierung der Juden, die Zerschlagung der traditionellen Partei-, Verbands- und Vereinsstrukturen und die totalitären Ausschaltungsversuche gegenüber den Kirchen erhärteten den Widerstand gegen den Nationalsozialismus und entfachten Boykottaufrufe im Ausland gegen die Durchführung der Olympischen Spiele im Deutschen Reich. Besonders die Verfolgungsmaßnahmen gegenüber der jüdischen Bevölkerung stießen auf herbe Kritik in den USA und einigen anderen Staaten. Die von etlichen deutschen Emigranten mit unterstützte Boykottbewegung erreichte im Anschluss an die am 15. September 1935 auf dem Reichsparteitag in Nürnberg verabschiedeten Nürnberger Gesetze ihren Höhepunkt.[92] Sie sah sich konfrontiert mit einer massiven nationalsozialistischen Lügen- und Propagandamaschinerie, die jegliche Bezichtigungen mit dem Hinweis auf uneingeschränkte Anerkenntnis der olympischen Charta zu zerstreuen versuchte.[93] Das am 7. Dezember 1935 in Paris von Mitgliedern zur Bewahrung der olympischen Idee gegründete „Comité international pour le respect de l'esprit olympique" konnte sich nach einem sehr knappen Votum der amerikanischen „Amateur Athletic Union" am 8. Dezember 1935 für die Spiele in Berlin gegen die unwahren Beteuerungen Hitlers nicht mehr erfolgreich behaupten.[94] Auch eine vom Komitee unterstützte Gegenolympiade (Volksolympiade) 1936 in Barcelona konnte wegen des beginnenden Spanischen Bürgerkriegs nicht stattfinden.[95]

Deutlich äußerte sich der nach Frankreich emigrierte Schriftsteller Heinrich Mann in einem Aufruf gegen die Durchführung der Spiele in Berlin, der 1936 in der Prager „Arbeiter-Illustrierten-Zeitung" veröffentlicht wurde:[96]

> „Ein Regime, das sich stützt auf Zwangsarbeit und Massenversklavung; ein Regime, das den Krieg vorbereitet und nur durch verlogene Propaganda existiert, wie soll ein solches Regime den friedlichen Sport und freiheitliche Sportler respektieren?

---

[92] Kirchliche Kreise bekräftigten am gleichen Tag, der in der katholischen Liturgie dem Gedächtnis der Schmerzen Mariens gewidmet ist, mit einem Bundestreffen der deutschen Cäcilienchöre anlässlich der 700-jährigen Jubiläumsfeierlichkeiten des St. Georg Doms in Limburg an der Lahn ihre Ablehnung des inhumanen NS-Regimes.

[93] Vgl. Alexander Emmerich (2011), S. 53.

[94] Vgl. Peter Hartmann (2008).

[95] Vgl. Regine Bleiß (2013).

[96] Vgl. Reinhard Rürup (1999), S. 60

42

Glauben Sie mir, diejenigen der internationalen Sportler, die nach Berlin gehen, werden dort nichts anderes sein als Gladiatoren, Gefangene und Spaßmacher eines Diktators, der sich bereits als Herr dieser Welt fühlt." [97]

Hitler schreckte nach dem amerikanischen Votum vor weiteren Eskalationen nicht zurück und ließ am 7. März 1936 deutsche Truppen in das entmilitarisierte Rheinland einmarschieren. Die am gleichen Tag stattfindende Uraufführung des von den Nationalsozialisten umformulierten Händelschen Oratoriums „Judas Makkabäus" in "Wilhelmus von Nassauen" mit einer Hommage an Wilhelm I. von Nassau-Oranien bewirkte allerdings auch, dass der Mythos von der Rettung des auserwählten biblischen Volkes vornehmlich in der Person von Otto Schäfer auflebte und den Widerstand gegen das Unrechtssystem weiter stählte. Besonders engagiert war auch der Freundeskreis Schäfers, speziell im illegalen Gewerkschaftslager, im Westerwaldverein und um den Heimatmaler Fritz Bender, der sich um einflussreiche Mitstreiter im Kampf gegen Verfolgung, Judenhass und Militarismus Hitlers bemühte. Vor allem zwei Ereignisse stellten in der Folge den religions- und völkerübergreifenden Ethos der olympischen Idee ausdrücklich heraus und machten auf die Rassendiskriminierung im Deutschen Reich aufmerksam.

- Mit ihrer Vermählung am „ökumenischen Gründonnerstag", dem 9. April 1936, setzten die Eltern des Autors nach den Nürnberger Gesetzen ein humanes und sittliches Zeichen, das nachdrücklich auf die Rassenschande hinwies und bis in den Völkerbund ausstrahlte. Martha Schäfer, die von Hedwig Burgheim am Fröbel-Seminar in Gießen als Erzieherin ausgebildet wurde, hatte in Bad Kissingen Kinder einer jüdischen Familie Ehrlich und in Frankfurt am Main Kinder einer halbjüdischen Familie Oppenheimer

---

97 Heinrich Mann, zitiert nach Alexander Emmerich (2011), S. 13.

erzogen. In ihrem Geburtsjahr war dem Serologen Paul Ehrlich am 10. Dezember 1908 in Stockholm zusammen mit einem russischen Forscher der Medizin-Nobelpreis verliehen worden.

- Die olympische Flamme wurde am 20. Juli 1936 mit einem Hohlspiegel auf einem Altar im antiken Olympia entzündet und vom Erzbischof von Tripolis (Peloponnes) gesegnet. 13 junge Frauen in antiken Gewändern umrahmten das feierliche Ereignis. Am 20. Juli besinnen sich Gläubige auch auf Elias, der in der ersten Hälfte des 9. Jahrhunderts v. Chr. den frühen Glauben an Jahwe als einzig und allein zu verehrenden Gott Israels mit prägte. Er bekämpfte den götzenhaften Baalkult und machte seine von Klage, Verzweiflung und Fürbitte bestimmten Gefühlsregungen in Gebeten gegenüber Gott offenkundig.[98]
Wie auch Moses mit den zehn Geboten empfing er nach alttestamentarischer Überlieferung eine göttliche Offenbarung am Berg Sinai (Horeb),[99] der mit der Begründung des Katharinenklosters und auch mit dem Deutschen Wandertag in Herborn in enger Beziehung stand.

---

[98] Vgl. Harald Schroeter-Wittke (2000), Fn. 578, S. 265.
[99] Vgl. David J. Hogan (2002) (Haupthrsg.), S. 44.

Einladung zum Fest der großen Kinder
am 12.12.1936 in Benders Atelier

Im Atelier: Zweite Reihe von oben, von links:
Fritz Bender und Otto Schäfer mit Damenbekanntschaft

Otto und Martha Schäfer (auf der rechten Seite des Bildes)
mit Wanderkameraden auf dem Herborner Haus
des Westerwaldvereins in den 1930er Jahren

Porträt Otto Schäfers mit Wanderstab
von Fritz Bender

Sociedad Musical "Santa Cecilia"
CHILLAN
VELADA · FUNEBRE

TEATRO O'HIGGINS
DOMINGO 20 DE AGOSTO DE 1939
18.30 HORAS
CHILLAN

PROGRAMA

PRIMERA PARTE

1. — Beethoven. — «Coriolano». Op. 62. Obertura por la Orquesta de la Sociedad Musical «Santa Cecilia».

2. — Oración Fúnebre. a cargo del señor Juan M. Pérez J.

3. — Haendel — Sarabanda del Concierto en Sol menor. Cello solo. Señor Adolfo Hirschmann. Piano. señor Eulojio Fuentes G.

4. — Mendelssohn. — Es una ley del Destino. Coro a cuatro voces, por los Establecimientos de Educación Secundaria de Chillán.

5 Mendelssohn — Primer tiempo del Trio N.º 2. Op. 66 en Do menor. Piano, señora Alejandrina de González. Violin, señor Roberto González. Cello, señor Adolfo Hirschmann.

SEGUNDA PARTE

1. — Beethoven. Primer tiempo de la Sinfonía N.º 5 en Do menor. Op. 67. Orquesta de la Sociedad Musical «Santa Cecilia».

2. — Beethoven. — Primer tiempo del Concierto N.º 3. Op. 37. en Do menor para Piano y Orquesta. Solista, señor Eulojio Fuentes Orquesta de la Sociedad Musical «Santa Cecilia»

Dirección: Otto Schäfer H.

Gedenkkonzert einer Jahrhundert-Erdbebenkatastrophe mit dem deutsch-chilenischen Dirigenten und gleichnamigen Cousin Otto Schäfers am 20. August 1939 in Chillan (Chile)

Am 20. Juli fand auf dem Vorplatz des Berliner Rathauses, der mit den 58 Bannern der Teilnehmernationen der Spiele geschmückt war, ein großer Festakt statt. Die propagandistisch von den Nationalsozialisten ausgeschlachtete Route des Fackellaufs führte über Athen, Delphi, Saloniki, Sofia, Belgrad, Budapest, Wien und Prag nach Berlin. Nach Entzündung des olympischen Feuers durch den letzten Fackelläufer eröffnete Adolf Hitler am 1. August 1936 die Spiele im Olympiastadion.[100]

2.3.2 Strukturierung des nationalen und internationalen Widerstands

Im Dritten Reich konnten neben den international agierenden Naturfreunde-Organisationen, einigen Gruppierungen der Edelweißpiraten und der Roten Kapelle und einem zahlenmäßig begrenzten Zusammenschluss von Physikern und Wirtschaftswissenschaftlern insbesondere die folgenden Hauptbewegungen des Widerstands unterschieden werden:[101]

- Widerstand der Gewerkschaften und der parteipolitischen Arbeitervertretung
- Kirchlicher Widerstand
- Bürgerlich-zivile und Bürgerlich-konservative Widerstandskreise
- Widerstandsring „Die weiße Rose"
- Militärischer und ziviler Widerstand
- Widerstand im Exil.

Zwischen der Mehrzahl dieser Bewegungen bestanden gegen Ende der 30er Jahre Kontakte, wobei in aller Regel einzelne, oft auch international engagierte Führungspersönlichkeiten die Kontakte schmiedeten. Der engere Mitarbeiterkreis um den Industriellen Robert Bosch, der sich ebenfalls sehr stark in der

---

[100] Vgl. Carola Jüllig (2013).
[101] Vgl. der Autor (2011), S. 47-66.

Judenhilfe engagierte und dem ab 1937 auch der frühere Leipziger Oberbürgermeister Carl Goerdeler angehörte, kommunizierte frühzeitig mit der unter 2.3.1 dargestellten internationalen Bewegung, die bereits bei ihrer Flucht- und Überlebenshilfe mit mehreren jüdischen Flüchtlingsorganisationen und dem Völkerbund zusammenarbeitete. Beziehungen der Bewegung bestanden auch zu maßgeblichen Militärkreisen um den Generalstabschef des Heeres Ludwig Beck, den General der Artillerie Franz Halder und den Oberbefehlshaber des Gruppenkommandos 2 Erwin von Witzleben, die sich bereits 1938 während der Sudetenkrise zusammen mit führenden Mitarbeitern des Amtes Ausland/ Abwehr mit einer Umsturzplanung befassten.[102]

Nach den kriegerischen Aktivitäten Hitlers, die nach den leichten Eroberungen in den Jahren 1939 und 1940 von der Mehrheit der deutschen Bevölkerung unterstützt wurden, scheiterten mehrere Versuche des Widerstands, die Alliierten, insbesondere England, zu Friedensverhandlungen zu bewegen. Carl Goerdeler, um den sich ein eigener Widerstandskreis gebildet hatte, fertigte in diesem Zusammenhang Memoranden zur politischen Umwälzung der Gesellschaft mit der Wiederherstellung von Recht und Moral, die er auch ausländischen Politikern zuleitete. Der bürgerliche zivile Kreisauer Kreis um Helmuth James Graf von Moltke und Peter Graf Yorck von Wartenburg, in dem Kirchenvertreter, Verfassungsrechtler, Politiker, Unternehmer und Sozialwissenschaftler mitarbeiteten, verfasste auf dem Landgut von Moltkes in Niederschlesien in drei Tagungen 1942/43 ebenfalls beachtenswerte Denkschriften und Gutachten zur Erneuerung der Gesellschaft mit programmatischen Grundsätzen für einen föderalen Wiederaufbau Deutschlands in Europa nach Hitler.[103]
Etliche Oppositionelle des Goerdeler- und des Kreisauer Kreises beteiligten sich auch an dem Umsturzversuch des 20. Juli 1944.

---

[102] Vgl. Joachim Scholtyseck (1999), S. 226 u. 546-555.
[103] Vgl. Hans Mommsen (2003), S. xlviii.

2.3.3 Der Umsturzversuch vom 20. Juli 1944 und die preußische Aristokratie

Es sind zahlreiche geplante und auch einige verübte Attentats-versuche gegen Hitler dokumentiert.[104] Noch heute geläufig ist das Bombenattentat im Münchner Bürgerbräukeller am 8. November 1939 durch den Tischler Georg Elser, der nach dem Stand der Forschung vermutlich allein handelte. Der Kreis, der bereits 1938 einen Umsturzversuch geplant hatte, formierte sich in den ersten Weltkriegsjahren neu. Er erhielt insbesondere nach den einsetzenden Massenmorden an Juden, Sinti und Roma und Geisteskranken und dem Angriffsfeldzug gegen Russland am 22. Juli 1941 weitere Unterstützung auch von bisher engagierten NSDAP-Mitgliedern.

Im Untergrund wurde in dieser Zeit von den sozialde-mokratischen Gewerkschaftsführern Wilhelm Leuschner, Julius Leber, Carlo Mierendorff und Theodor Haubach sowie weiteren Verbündeten ein reichsweites Netz von Vertrauensleuten auf-gebaut, das auch mit christlichen Gewerkschaftlern, u.a. Jacob Kaiser und Max Habermann, kooperierte. Auch der Vater des Autors war intensiv bei der Strukturierung beteiligt. Er stand ferner sowohl im Rheingau als auch über Herborner Verwandte in Kontakt mit dem Verbindungsoffizier Hermann Kaiser. Sein in Berlin wohnender Bruder Ernst Schäfer hatte ebenfalls Beziehungen zum militärischen Widerstand.

Verbindungsoffiziere sollten die Vernetzung zwischen Militärs und zivilem Widerstand herstellen und gewährleisten, dass bei einem erfolgreichen Attentat kurzfristig die gewerkschaft-lichen Massenorganisationen für den Umsturzversuch gerüstet waren. Der Studienrat an der Wiesbadener Oranienschule und Hauptmann der Reserve Hermann Kaiser war einer der maßgeblichen Verbindungsoffiziere; er führte beim Befehls-haber des Ersatzheers Generaloberst Friedrich Fromm das

---

[104] Vgl. Manfred Messerschmidt (1994), S. 1021.

Kriegstagebuch.[105] Im Oktober 1934 hatte er als ehemaliger Frontsoldat des 1. Nassauischen Feldartillerieregiments Nr. 27 die Festansprache bei der Enthüllung des Oraniendenkmals mit dem sich aufbäumenden Ross auf dem Luisenplatz in Wiesbaden gehalten, das den Gefallenen des Regiments gewidmet ist.

Belegt ist in der Folge u.a. der Anschlagversuch vom 13. März 1943. An diesem Tag schleusten der Oberst im Generalstab der Heeresgruppe Mitte, Henning von Tresckow, und sein Cousin, der Jurist und Leutnant der Reserve Fabian von Schlabrendorff, von 1967 bis 1975 Bundesverfassungsrichter, Sprengstoff in ein Flugzeug Hitlers, das dieser bei seinem Rückflug vom Frontbesuch nutzte. Der Olympiasieger von 1936 im Jagd-Mannschaftsspringen, Oberstleutnant Heinz Brandt, diente als ahnungsloser Beförderer des Sprengstoffpakets. Durch unglückliche Umstände funktionierte der Zünder nicht.[106]
Die nächste Aktion wurde noch intensiver vorbereitet. Unter maßgeblicher Beteiligung des Oberstleutnant im Generalstab des Heeres Claus Schenk Graf von Stauffenberg, von Tresckow und dem Oberleutnant der Reserve Fritz Dietlof von der Schulenburg wurden ab August 1943 die Pläne zur „Niederschlagung von inneren Unruhen und Aufständen von Zwangsarbeitern" (Operation "Walküre") so abgewandelt, dass sie für den geplanten Umsturz und die Machtergreifung in Regierungs-, Partei- und Wehrmachtstellen dienen konnten.[107] Ende Juni 1944 fasste von Stauffenberg, ab dem 1. Juli Chef des Stabs beim Befehlshaber des Ersatzheeres, den Beschluss, die Bombe selbst zu zünden. Zwei angebliche Versuche, bei denen von Stauffenberg den Sprengstoff bei sich gehabt haben soll, wurden jedoch zunächst kurzfristig abgesagt. Am 11. Juli verzichtete er im Hauptquartier „Berghof" auf die Zündung, da der Reichs-

---

[105] Vgl. 1. Axel Ulrich (o.J.).
         2. Hermann Schlimme (1945/46).
[106] Vgl. Fabian von Schlabrendorff (1959), S. 95-99.
[107] Vgl. Peter Steinbach, Johannes Tuchel u.a. (2007), S. 57.

führer der SS Heinrich Himmler bei der Besprechung nicht anwesend war. Am 15. Juli musste von Stauffenberg im Führerhauptquartier „Wolfsschanze" selbst vortragen und konnte deshalb das Vorhaben nicht ausführen.[108] Die Operation Walküre war nach Darstellung mehrerer Autoren bereits ausgelöst worden, konnte anschließend aber als Probealarm getarnt werden.[109]

Am folgenden Tag fand eine Besprechung in Stauffenbergs Wohnung in Berlin statt, an der neben seinem Bruder und Trott zu Solz sein engster Freundeskreis teilnahm. Dort wurde die Auffassung vertreten, dass die deutsche Westfront spätestens nach sechs Wochen zusammenbrechen würde und ein Staatsstreich mit dem unvermeidlichen Attentat Verhandlungen „von Militär zu Militär" sowohl im Westen als auch im Osten ermöglichen könnte.[110]

Es wurde vielfach beschrieben, durch welche unglücklichen Umstände Hitler am 20. Juli 1944 das Bombenattentat von Stauffenbergs im Führerhauptquartier „Wolfsschance" überlebte, bei dem vier Personen getötet wurden, darunter auch der Olympiasieger Brandt. Auf eine Darlegung wird deshalb hier verzichtet. Der Umsturzversuch mit der in Berlin, Paris, Prag und Wien ausgelösten Operation Walküre scheiterte noch am gleichen Abend, als die Nationalsozialisten wieder die Oberhand gewannen. Von Stauffenberg, der nach dem Attentat nach Berlin geflogen war, um im Oberkommando des Heeres im Bendler-Block das Vorhaben mit voranzutreiben, wurde noch in der Nacht zusammen mit seinem Adjudanten Werner von Haeften,

---

[108] Vgl. Joachim Kramarz (1965), S. 189-197.
[109] Der unterbliebene Versuch wird in der Literatur auch von ehemaligen Widerstandskämpfern sehr unterschiedlich dargestellt. M.E. ist es eher wahrscheinlich, dass dieser Tag lediglich für den Probealarm und nicht für ein Attentat vorgesehen war. Graf Stauffenberg war ggf. schon vor dem 15. Juli der für anschließende Friedensverhandlungen sehr geeignete Besprechungstermin 20. Juli bekannt (vgl. Olympia).
[110] Vgl. Joachim Kramarz (1965), S. 198 u. 199.

seinem Nachfolger als Stabschef im Allgemeinen Heeresamt Albrecht Mertz von Quirnheim und dem General der Infanterie Friedrich Olbricht im Innenhof des Gebäudeblocks erschossen. Ludwig Beck wurde ein Freitod eingeräumt. In der Folge sind mehr als 200 an der Verschwörung beteiligte Widerstandskämpfer hingerichtet worden, darunter Militärs, Polizeipräsidenten, ehemalige Minister, Staatssekretäre, Diplomaten, Völkerrechtler und Gewerkschaftsführer. Etwa 700 Personen wurden verhaftet und mehr als 140 Angehörige der Widerstandskämpfer in Sippenhaft genommen. Deren Kinder wurden in vielen Fällen verschleppt. Bei den Liquidierungen spielten offensichtlich auch der jüdische Prophet Elias und marianische Bezüge zu den Nürnberger Blut- und Rassegesetzen eine Rolle. Adam Trott zu Solz, der frühere deutsche Generalkonsul in New York und Major beim Oberkommando der Wehrmacht Otto Kiep, der Major der Reserve Johannes Georg Klamroth und der Vertraute von Stauffenbergs, Major Ludwig Freiherr von Leonrod, wurden am Jahrestag der Uraufführung von Felix Mendelssohn-Bartholdys Oratorium Elias in Birmingham am 26. August 1944 hingerichtet. Das gleiche Schicksal erlitten der Mitgestalter der Ökumene Pfarrer Dietrich Bonhoeffer, Admiral Wilhelm Canaris, Generalmajor Hans Oster, Oberst i.G. Ludwig Gehre, Hauptmann der Reserve Theodor Strünk und der Generalstabsrichter Karl Sack genau neun Jahre nach der Hochzeit der Eltern des Autors am 9. April 1945. Auch am Geburtstag von Martha Schäfer, am 23. April 1945, wurden weit mehr als zehn Widerstandskämpfer hingerichtet.

Zwei Drittel der an dem Umsturzversuch beteiligten engsten Verschwörer entstammten dem preußischen Umfeld. Weit überwiegend waren es aristokratische Persönlichkeiten, deren Familien auf eine lange militärische und sonstige staatstragende Position zurückblicken konnten.[111] Fast alle großen Namen des preußischen Adels waren vertreten, auch wenn die Zahl der An-

---

[111] Vgl. Christopher Clark (2008), S. 757 u. 758.

hänger Hitlers aus diesem Milieu ungleich größer gewesen sein mag. Der hohe Verwandtschaftsgrad des Adels begünstigte die Strukturierung.[112] Zweifellos war die Intension zum Widerstand bei verfolgten Sozialisten, Gewerkschaftlern, standhaften Christen und Persönlichkeiten aus dem liberalen und national-konservativen Milieu frühzeitiger ausgeprägt als bei den meisten Militärs, die oft auch noch während des Weltkriegs Hitlers Militarismus unterstützten. Dennoch bildete sich auch im militärischen Bereich eine starke Opposition heraus, die über eine ansehnliche Durchschlagskraft verfügte. Besonders engagiert im Widerstand waren hier zahlreiche aktive und frühere Armeeangehörige des Potsdamer Infanterieregiments 9 (IG 9), das „eng mit der Potsdamer Garnisonkirche verbunden" und von einer sehr ausgeprägten preußischen Soldatentradition mit Selbstdisziplin und Pflichtgefühl geformt war.[113] Kopf der Verschwörung am 20. Juli, an der allein 19 Angehörige und Ehemalige des Regiments mitwirkten, war Henning von Tresckow.[114]

Die bereits kurz nach Weltkriegsende bekundete Formulierung „Aufstand des Gewissens" charakterisiert bis heute treffend den Umsturzversuch.[115] Die Aussage Ulrich Schlies ist sicherlich richtig, dass die militärische Aktion nur im Bündnis mit dem zivilen Widerstand möglich gewesen wäre. Bei dem Zusammenwirken der verschiedenen Gruppierungen sei die Persönlichkeit der Akteure wichtiger gewesen als die „Zugehörigkeit zu Klasse, Partei oder Religion".[116] Besonders engagiert setzte sich über die Jahrzehnte die ostpreußische Adlige und namhafte Hamburger Zeit-Publizistin und Herausgeberin Marion Gräfin Dönhoff für die Wahrung eines ehrenwerten Widerstandsbildes in unserer Gesellschaft ein. Sie konnte auf ihren eigenen Erfahrungshorizont im Widerstand und die Verwandtschaft und

---

[112] Vgl. Stephan Malinowski (2003), S. 590.
[113] Vgl. Christopher Clark (2008), S. 758 u. 759.
[114] Vgl. Ekkehard Klausa (1994), S. 533 u. 538.
[115] Vgl. Eckart Conze (2003), S. 491, Fn. 32.
[116] Vgl. Ulrich Schlie (1. Juli 2009), S. 58.

Freundschaft mit mehreren Verschwörern des 20. Juli aus den Reihen der preußischen Aristokratie verweisen. Ihres Erachtens haben die Widerstandskämpfer das alte Preußenbild des 18. und überwiegend 19. Jahrhunderts, dem seit 1871 übermäßiger Militarismus vorgeworfen wurde, wieder ins rechte Licht gerückt. Sie verlautbarte nach der Auflösung des preußischen Staats im Februar 1947, „das Kreuz, das sie auf Preußens Grab gesetzt haben, leuchtet hell aus der Dunkelheit jener Jahre".[117]

Die Gesinnung des gesamten Widerstands gegen den Nationalsozialismus und speziell des 20. Juli charakterisierte sie mit sittlichen Wertvorstellungen, die ein „Festhalten an den höchsten moralischen Maßstäben auch unter äußerster Gefährdung des Lebens" offenbarten. Sie grenzte sich damit gezielt von den Protestaktionen ab, die den Widerstandsbegriff in unserer heutien Gesellschaft verharmlosend auch auf Hausbesetzungen oder Blockadeaktivitäten der Friedensbewegung ausweiten.[118]

2.3.4   Rettung von tödlich bedrohten NS-Verfolgten

Der Herborner Otto Schäfer engagierte sich als begeisterter Skiläufer und Bergwanderer bei der Fluchthilfe in Gebirgsregionen und vertiefte und verbreitete Kenntnisse über das Lagersystem der Nationalsozialisten durch seine Kontakte zum Widerstand der Arbeiterbewegung und zu Fremdarbeitern im Deutschen Reich. Unter Einbeziehung von Oppositionellen in den besetzten Gebieten beteiligte er sich am Aufbau eines Netzwerks, das u.a. Verbindungswege in das Vernichtungslager Auschwitz in Oberschlesien und die Konzentrationslager Groß-Rosen in Niederschlesien, Buchenwald bei Weimar und Sachsenhausen bei Oranienburg sicherte.

Am 22. Januar 1944 konstituierte sich auf Initiative des amerikanischen Präsidenten Franklin D. Roosevelt der „War

---

[117] Vgl. Marion Dönhoff (2009), S. 77
[118] Vgl. Eckart Conze (2003), S. 495 u. 507.

Refugee Board" (WRB) zur Rettung der tödlich bedrohten NS-Verfolgten in Europa, der sich wesentlich auf das bestehende Verbindungsnetz zu den Konzentrations- und Vernichtungslagern stützte und eng mit dem Internationalen Roten Kreuz, dem dargestellten Netzwerk zur Verfolgtenhilfe, Kirchenvertretern und jüdischen Untergrundorganisationen zusammenarbeitete. Bis zum Ende des Zweiten Weltkriegs leistete der WRB Überlebens- und Fluchthilfe für einige hunderttausend Menschen.[119] Die Befreiung des Konzentrationslagers Buchenwald bei Weimar ereignete sich nach einem initiierten Häftlingsaufstand mit Unterstützung von amerikanischen Truppen am 11. April 1945, genau 218 Jahre nach der Uraufführung der Matthäuspassion von Johann Sebastian Bach in der Thomaskirche in Leipzig. Mehrere Familienmitglieder des Autors waren an der Herstellung der Verbindung in das Konzentrationslager beteiligt.

---

[119] Vgl. Claus-Dieter Krohn u.a. (Hrsg.) (1998), S. 74 u. 75.

3. Der Versöhnungs- und Einigungsgedanke: Der 26. Hessentag in Herborn und das deutsch-deutsche Kulturabkommen

3.1 Hessentag

Die Eröffnungs- und Abschlussrede des hessischen Minister-präsidenten Holger Börner in der „heimlichen Hauptstadt" des Landes betonte die außerordentlich enge Verquickung des Hessentags mit der demokratischen Entwicklung und Gestaltung des Landes. Er bezeichnete bei der Eröffnung am 31. Mai 1986 den Hessentag als die „größte und erfolgreichste Bürgerinitiative" des Landes.[120] Am 8. Juni würdigte er das prägende Gemeinschaftsbewusstsein der Hessen auch auf dieser Veranstaltung und hob hervor, dass vor 40 Jahren der „entscheidende Grundstein" für das demokratische Hessenland gelegt worden sei, als sich die hessischen Bürger in einer Volksabstimmung eine Verfassung gaben.[121]

Der Hessentag in Herborn präsentierte sich mit ca. 250 Veranstaltungen und mehr als 40 Ausstellungen wie seine Vorgänger als musisches und politisches Schaufenster des Landes und bewegte sich in der Tradition des freigeistigen Monarchen Friedrichs des Großen, der jedoch auch militärische Ambitionen hatte und Eroberungslust an den Tag legte. Veranstaltungen, u.a. Tag der Volksmusik, Akkordeon-Wettbewerb, Gesang aus Hessen, Choralblasen von Posaunenchören, Konzert der Limburger Domsingknaben, brasilianische Samba-Band-Show, Große Sport- und Musikschau sowie Aufführungen der Big Band der Bundeswehr und des hessischen Polizeiorchesters waren musikalische Höhepunkte. Vorführungen der Hessischen

---

[120] Vgl. Hessendienst der Staatskanzlei, Hessentag-Presseinformation Nr. 21.

[121] Vgl. Hessendienst der Staatskanzlei, Hessentag-Presseinformation Nr. 110.

Vereinigung für Tanz- und Trachtenpflege, ein Landfrauentag mit 3000 Teilnehmerinnen, ein Spiel- und Sportfest für Kinder und Jugendliche, fantasievolle Aufführungen von Theater-Ensembles, Sportangebote für hessische Behinderten-Sportvereine, die Veranstaltung der Arbeiterwohlfahrt „Hab ein Herz für andere", eine Orientierungsfahrt von Bundeswehr, Polizei, Bundesgrenzschutz und alliierten Streitkräften, ein Kulturabend für ausländische und deutsche Jugendliche, das Match der Handballweltmeister 1978 gegen eine Hessenauswahl sowie die Verleihung der Zelterplakette und der Sportplakette des Bundespräsidenten an 30 Gesangvereine bzw. 32 Sportvereine waren weitere erlesene Attraktionen. Fraktionssitzungen des Hessischen Landtags, eine Tagung des Landeskabinetts und mehrere interne Tagungen der hessischen Zivilgesellschaft, z.B. des Europakomitees Hessen, rundeten das bürgerorientierte Programm ab.

Auch der Autor war als Vorsitzender eines BMX- und Motocross-Vereins an fünf Veranstaltungen beteiligt. Darunter auch eine Ausstellung zur Sicherheit im Zweiradverkehr.
Die Hessentagsstraße in der Innenstadt mit der Losung „Singendes, klingendes und tanzendes Hessenland", die Landesausstellung und Präsentationen etwa zu den Themen Altstadtsanierung, Amateurfunk, Bienenkunde, Kirchen im Dillkreis, unsere Marine: Rettung Schiffbrüchiger, Sonderschau Forst und Holz, Märchenwelt der Brüder Grimm und 450 Jahre hessische Universitätsgeschichte kommunizierten ein anschauliches Bild der Region und des Landes, die sich beim abschließenden Hessentags-Festzug mit 8500 Teilnehmern und 278 Zugnummern mit unverhohlener Lebensfreude und Lebendigkeit in einem einprägsamen Glanzlicht zeigten.

3.2 Kulturabkommen

Die Bundesministerin für innerdeutsche Beziehungen Dorothee Wilms eröffnete im November 1988 die Vortragsreihe „Die deutsche Teilung" an der Ludwig-Maximilians-Universität in München mit einer Rede mit dem Titel „Die Kultur als Quelle der einen deutschen Nation". Dabei legte sie u.a. dar, dass Sprache, Literatur, Geschichte, kulturelles Erbe, Lebensweise und Grundeinstellungen von der ungebrochen kulturellen Einheit der deutschen Nation Zeugnis geben. Freiheit, Rechtsstaatlichkeit und Selbstbestimmung gehörten „zu den tragenden geistigen Grundlagen der europäischen Kultur", zu deren Ausgestaltung Deutschland wesentlich beigetragen habe.[122] Zweieinhalb Jahre vorher, am 6. Mai 1986, war nach langjährigen Vorarbeiten und Einigungsbemühungen zwischen den Regierungen der Bundesrepublik Deutschland und der Deutschen Demokratischen Republik das Abkommen über kulturelle Zusammenarbeit (Kulturabkommen) auf der Basis des Grundlagenvertrags vom 21. Dezember 1972 unterzeichnet und in Kraft gesetzt worden. Das Abkommen war weit gefasst. In seinen 15 Artikeln benannte es für einen praktischen Kulturaustausch Bildung und Wissenschaft, Musik, Literatur, Sprachpflege, darstellende Kunst, Film, Museumswesen, Denkmalpflege, Verlags-, Bibliotheks- und Archivwesen sowie Sport- und Jugendaustausch. In den Jahren 1986 und 1987 wurden zunächst Einzelmaßnahmen der Zusammenarbeit gefördert. Für 1988/89 verständigten sich die beiden Regierungen am 9. November 1987 auf zunächst rund 100 Kooperationsvorhaben. Bundesministerin Wilms betonte die „lebendige Vielfalt der Austauschprojekte", die u.a. Autoren-Treffen über die Zeit des Nationalsozialismus und die Nachkriegsjahre, Buch- und Kunstausstellungen, zahlreiche Musikgastspiele in der Bundesrepublik und in der DDR, gegenseitige Studienaufenthalte und Kolloquien zu Themen von Wissenschafts- und Technikentwicklung oder Konflikten und Konflikt-

---

122 Vgl. Dorothee Wilms (Sept. 1989), S. 25 u. 27.

regelungen in den internationalen Beziehungen umfassten. Auch ein Wissenschaftleraustausch zu dem Kooperationsvorhaben „Gemeinsame Sicherheit zwischen Ost und West", die Zusammenarbeit im Bereich Frauen und neue Informationstechnologien, Treffen zur Thematik Museumsdidaktik und Museumspädagogik und Exkursionen von Jugendgruppen zu den Themen Lessing und Hamburger Widerstandskämpfer waren vorgesehen. Besonderes Interesse erzeugten Theatergastspiele der Berliner Schaubühne in Weimar, das Jugendmusical des Grips-Theaters in Dresden, Karl-Marx-Stadt und Halle, mehrere von Laiengruppen gestaltete Chortourneen in die DDR und die Tournee junger Musikwettbewerb-Preisträger aus der DDR durch die Bundesrepublik.[123]

Im Jahr 1989 vervielfachte sich die Zahl der Austauschvorhaben und umfasste über 1300 vom Bundesministerium für innerdeutsche Beziehungen geförderte Projekte. Dabei gelangten trotz der bis zum Mauerfall reservierten DDR-Politik allein 535 Konzerte von DDR-Künstlern in der Bundesrepublik und 286 Konzerte von Bundesdeutschen in der DDR zur Aufführung.[124]

Am 8.Mai 1974 erfolgte bereits die Unterzeichnung des Protokolls über die deutsch-deutschen Sportbeziehungen. Diese entwickelten sich jedoch in nur sehr bescheidenem Maße, da auch der Sport in der DDR zentral gesteuert wurde und den Zielvorgaben der SED-Parteipolitik unterlag.[125] Alle sportlichen Begegnungen wurden in einen gemeinsamen jährlichen Sportkalender des Deutschen Turn- und Sportbundes der DDR (DTSB) und des Deutschen Sportbundes der Bundesrepublik (DSB) aufgenommen. Direkte Vereinbarungen zwischen einzelnen Verbänden oder Vereinen waren nur in Ausnahmefällen möglich.[126] Der Spitzensport stand nach Auffassung der DDR eindeutig im

---

123 Vgl. Bundesminister für innerdeutsche Beziehungen (Hrsg.) (1989), S. 25-32 u. 36.
124 Vgl. Bundesminister für innerdeutsche Beziehungen (1990), S. 325.
125 Vgl. Lars Holger Niese (1997), S. 194/195 u. 287.
126 Vgl. Manfred Klaus (1994), S. 36.

Vordergrund der Beziehungen und wurde sowohl in der DDR als auch in der Bundesrepublik bei den Treffen pedantisch vom Staatssicherheitsdienst überwacht. Das Kulturabkommen brachte hier keine allzu großen Erleichterungen. Dennoch zeigten sich immer wieder Sportler der DDR weitgehend unberührt von staatlich gesteuerten Abkapselungsversuchen und Überwachungsmaßnahmen. Sie schlossen mitunter Freundschaften mit ihren sportlichen Rivalen aus der Bundesrepublik und trugen auf diese Weise zur Auflockerung in ihrem persönlichen Umfeld bei.

Die deutsch-deutschen Städtepartnerschaften kamen im gleichen Jahr wie das Kulturabkommen in Gang und nutzten in der Folge auch die Möglichkeiten der kulturellen Zusammenarbeit. Der erste Abschluss kam zwischen Saarlouis und Eisenhüttenstadt zustande (19.09. und 06.10.1986). Der DDR-Staatsratsvorsitzende Erich Honecker erklärte die Bündnisse zur Chefsache und machte eine Vielzahl der Vereinbarungen von seiner Zustimmung abhängig. Der Weg bis zur Vereinbarung war in der Regel beschwerlich und auch noch nach Unterzeichnung der Urkunden mit erheblichen Problemen belastet. Dennoch gab es bis zum Fall der Berliner Mauer 58 Partnerschaften, die trotz SED-genehmer DDR-Delegationen und Abschirmungsversuchen durch den Staatssicherheitsdienst die Verständigung zwischen den beiden Staaten förderten. Die schmerzlichen Erfahrungen der Städte während des Zweiten Weltkriegs und die gemeinsamen Bemühungen um Frieden wurden bei den gegenseitigen Treffen immer wieder angesprochen und schmiedeten die Zusammenarbeit. Das gemeinsame kulturelle Erbe war oft ausschlaggebend für die partnerschaftliche Verbindung. Bei Naumburg/Saale und Aachen war die Karlsgeschichte das Bindeglied. Bei Marburg und Eisenach ist das gemeinsame Luther- und Elisabetherbe hervorzuheben. Bei Erlangen und Jena prägten die wirtschaftliche, universitäre und räumliche Verbundenheit und der letzte Ottonenherrscher und Kaiser im Heiligen Römischen Reich, Heinrich II. (973-1024), der eng mit den Ursprüngen der beiden Städte verknüpft ist, das Bündnis. Hannover und Leipzig verwiesen bei ihrer Partnerschaft auf die Erfahrungen der Städte auf dem Gebiet der Wissenschaft, der Künste und des Sports und würdigten die übereinstimmende Tradition als führende Messestädte und bei Bremen und Rostock bildete die beiderseitige Tradition als Hansestädte die Grundlage der Liaison.

Bis heute sind mehr als 800 Partnerschaften zwischen Städten aus den alten und neuen Bundesländern verzeichnet.[127] Die meisten entstanden kurz nach Fall der Berliner Mauer und leisteten wertvolle Unterstützung und Aufbauhilfe für die Bürger in der DDR respektive in den neuen Bundesländern.

---

[127] Vgl. Anja K. Leibing (Senatskanzlei der Freien Hansestadt Bremen) (2010).

4. Der Fall der Berliner Mauer am 9. November 1989: Jüdische Renaissance und friedliche Revolution in der DDR

In den 80er Jahren begann sich die DDR-Führung dem Judentum weiter zu öffnen, obwohl nur noch einige hundert Juden in den DDR-Städten lebten und das Regime sich weigerte, Reparationen an die Opfer des Holocaust zu zahlen. Zuvor hatten bereits aus dem Exil zurückgekehrte Schriftsteller/innen, u.a. Arnold Zweig, Annah Seghers, Stephan Hermlin und Stefan Heym, die Nachkriegsliteratur in der DDR auch mit jüdischen Themen bereichert.[128] Im Jahr 1986 gründete sich in der Ostberliner Jüdischen Gemeinde die Gruppe „Wir für uns – Juden für Juden", in der auch eine ganze Reihe von Wissenschaftlern und Kulturschaffenden mitwirkten, die nicht der jüdischen Konfession angehörten. Hieraus bildete sich Anfang 1990 der „Jüdische Kulturverein Berlin e.V.".[129]

Ebenfalls in 1986 erarbeitete das Staatsekretariat für Kirchenfragen gemeinsam mit dem Außenministerium Vorschläge, wie das jüdische Leben in der DDR anlässlich des 50. Jahrestages der Reichskristallnacht am 9. November 1988 offenkundig demonstriert werden könnte. Dabei war wohl auch beabsichtigt, das antifaschistische Gehabe der Staatsführung besonders in den Vordergrund zu rücken. Zu den nach und nach umgesetzten Vorschlägen zählten u.a. das Aufhängen von Gedenktafeln, die an jüdische Opfer des Nationalsozialismus und an Widerstandskämpfer erinnerten, eine internationale Pressekonferenz mit dem Präsidenten der jüdischen Gemeinden der DDR, Unterstützungsmaßnahmen für jüdische Friedhöfe und Museen und der Wiederaufbau der Neuen Synagoge in der Oranienburgerstraße mit der Gründung eines Centrums Judaicum.[130] 1987, im Jubiläums-

---

[128] Vgl. Susanne Wirtz (2011), S. 153.
[129] Vgl. Irene Runge (2005).
[130] Vgl. Alexander Muschik (2012).

jahr 750 Jahre Berlin, wurden die ersten „jiddischen Kulturtage" in Ostberlin in Verbindung mit der UNESCO initiiert, der die DDR seit 1972 angehörte.[131] Sie trugen mit dazu bei, dass das Angebot an jüdischer Musik, jüdischer Literatur und einschlägigen Dokumentarfilmen und Ausstellungen in der gesamten DDR ausgeweitet wurde.

Am 9. November 1988 erfolgte neben zahlreichen anderen Gedenkveranstaltungen in Anwesenheit Erich Honeckers die symbolische Grundsteinlegung zum Wiederaufbau der durch Pogrom, Bombenabgriff und Sprengung weitgehend zerstörten Synagoge in der Oranienburger Straße.[132] Die zuvor gegründete Stiftung „Neue Synagoge Berlin – Centrum Judaicum" strebte an, mit einem Archiv, einem Dokumentationszentrum, einem Museum und einem Gebetsraum den jüdischen Geist und das jüdische Leben an dieser historischen Stelle neu zu beleben.[133]

Besuche des Präsidenten des Jüdischen Weltkongresses, Edgar Bronfman, im Oktober 1988, des 1909 in Dresden geborenen israelischen Politikers Dr. Josef Burg, der bis 1986 verschiedene Ministerposten in Israel innehatte (zuletzt für religiöse Angelegenheiten), zur Grundsteinlegung und Empfänge für weitere in- und ausländische jüdische Gäste versuchte die SED-Führung zu nutzen, um die Kontakte zu den USA zu verbessern. Eine zweiwöchige Konzertreise des Rundfunkchors Leipzig, der im Januar 1989 als erstes DDR-Ensemble Israel mit Aufführungen in Tel Aviv und Haifa besuchte, sollte auch einer Korrektur des Verhältnisses zu Israel dienen. Ein grundsätzlicher Wandel in den Beziehungen erfolgte jedoch erst nach dem Fall der Berliner Mauer.

Die DDR-Opposition versuchte wegen des massiven Stasi-Apparats mit der Strukturierung von landesweiten Aktivitäten auf die freiheitliche Bewusstseinsbildung in der Bevölkerung hinzu-

---

131 Vgl. Bernhard Neugebauer (2011).
132 Vgl. Hermann Simon (1997), S. 22 u. 23.
133 Vgl. Hermann Simon (1995), S. 36-38.

wirken. Maßgebliche Aktionen, die neben den Protesten gegen die betrügerischen Kommunalwahlen am 7. Mai 1989 mit der Öffnung der Berliner Mauer am 9. November in Verbindung standen, waren

- die Bündelung der verabschiedeten Texte der Ökumenischen Vollversammlungen in Dresden (12.-15. Februar 1988), Magdeburg (8.-11. Oktober 1988) und erneut Dresden (26.-30. April 1989) im Einführungsteil unter dem biblischen Wort „Schalom";[134]

- zwei herausragende musikalische Darbietungen am 14. Juli 1989, dem 200. Jahrestag des Sturms auf die Bastille in Paris, in Ostberlin. Im Schauspielhaus spielte das Orchester des Schleswig-Holstein Musik-Festivals mit Leonard Bernstein Werke von Mendelssohn-Bartholdy, Debussy und Berlioz. In der deutschen Staatsoper und zeitgleich in den Opernhäusern von Karlsruhe und Essen ging die Uraufführung der Oper von Siegfried Matthus „Graf Mirabeau" über die Bühne und nutzte in Verbindung mit Herborn auch hier einen Davidsbezug. Die Stadt an der Dill war am 14. Juli 1968, im 1200. Jahr der Königskrönung Karls des Großen in Noyon (Dep. Oise, Picardie), eine Städtepartnerschaft mit der südfranzösischen Stadt Pertuis (Dep. Vaucluse, Provence) eingegangen, in deren Kanton das Stammschloss der Familie des eng mit der Erklärung der Menschen- und Bürgerrechte der Französischen Revolution verknüpften Protagonisten der Oper liegt;

- die zahlreichen Aufführungen der von den Ungarn Tibor Miklós (Libretto) sowie Gábor Kémeny und Tibor Kocsák (Musik) nach einem Roman von Stefan Heym konzipierten Rockoper „Der König David Bericht" im Volkstheater von Halberstadt und in der Dresdner Staatsoperette. In Dresden

---

[134] Vgl. Ehrhart Neubert (1998), S. 791.;

geschah dies auch am 9. November 1989. Der deutsche Liedermacher Kurt Demmler hatte das Werk in eine prägnante deutsche Fassung umgeformt;[135]

- die Bildung der „Gruppe der 20" am 8. Oktober 1989 in Dresden anlässlich einer Bürgerdemonstration. Diese Bürgergruppe sollte am nächsten Tag mit dem Dresdner Oberbürgermeister über ein ganzes Bündel von Freiheitsrechten, über gewaltfreie Demonstrationen und die Freilassung inhaftierter Demonstranten und anderer politischer Gefangener reden. Die Verhandlungsergebnisse wurden am 9. Oktober in mehreren Kirchen der Stadt verkündet;

- die Montagsdemonstration am 9. Oktober 1989 in Leipzig mit 70.000 Teilnehmern, die den sich postierenden bewaffneten Sicherheitskräften die Stirn boten. Sechs prominente Leipziger Bürger, darunter der Gewandhauskapellmeister Kurt Masur, nutzten sie zu einem öffentlichen Aufruf, der zum freien Meinungsaustausch über den Sozialismus und zum besonnenen und friedlichen Dialog mit der Regierung aufforderte. Der Aufruf wurde auch in den Kirchen verlesen, die anschließend zahlreiche Gläubige mit entfachten Kerzen verließen. Der folgende Demonstrationszug in der Leipziger Innenstadt verlief erstmals gewaltfrei und war der Auftakt für die nachfolgenden friedlichen, von staatlichen Übergriffen unbehelligten Massendemonstrationen;

- die Gesangseinlage der bekannten jüdischen Sängerin Jalda Rebling, 1987 Projektleiterin der UNESCO-Veranstaltung „Jiddische Kulturtage" in Ostberlin, am Abend des 9. Oktobers 1989 in der übervollen Gethsemanekirche am Prenzlauer Berg (Ostberlin). Unter den zahlreichen Kirchen, die den Gläubigen und Oppositionellen im Herbst 1989 Schutz

---

[135] Vgl. 1. Elke Schneider (1989), S. 43-46.
      2. Wolfgang Lange (1989), S. 54-55.

boten und zu Mahnwachen und Fürbittegebeten aufgesucht wurden, erwuchs neben der Leipziger Nikolaikirche und der Ostberliner Zionskirche insbesondere auch die Gethsemane-kirche zum Symbol und Hort des Widerstands.

Die Impulse zur Gründung der Bürgergruppe in Dresden gingen maßgeblich von den beiden Kaplanen Frank Richter und Andreas Leuschner aus. Ihr Name versinnbildlichte den Gedenktag an den 20. Juli 1944. Nach dem Scheitern des Umsturzversuchs war unter den hingerichteten Widerstandskämpfern auch der frühere Oberbürgermeister der Stadt Leipzig, Carl Goerdeler, der nach der am 9. November 1936 erfolgten Demontage des Leipziger Denkmals von Felix Mendelssohn-Bartholdy von seinem Amt zurückgetreten war und zu einem der führenden Köpfe des Widerstands avancierte. Er wurde am 2. Februar 1945, ebenso wie der Jesuit Alfred Delp und der langjährige preußische Finanzminister Johannes Popitz, in Berlin-Plötzensee umgebracht. An diesem Jahrestag wurde damals in den katholischen Kirchen der marianische Festtag „Mariä Lichtmess" (seit der Liturgiereform 1960 ein Herrenfest) mit Kerzenweihe und Lichterprozession begangen.
Das mit dem 20. Juli verknüpfte Oratorium Elias von Mendelssohn-Bartholdy, der in seiner Kindheit an zahlreichen Tagen Johann Wolfgang Goethe und seinen Gästen im Goethehaus in Weimar vorspielte, wird seit Jahren vor allem auch in Synagogen zum Gedenken an die Reichskristallnacht am 9. November 1938 aufgeführt. Es entstand in den Jahren 1835 bis 1847, als Mendelssohn-Bartholdy als Gewandhauskapellmeister in Leipzig wirkte. In dieser Zeit wurde auch das Leipziger Musikkonservatorium von ihm gegründet, das nach einigen Umbenennungen seit 1946 seinen Namen trägt (heute: Hochschule für Musik und Theater „Felix Mendelssohn-Bartholdy" Leipzig).

Die Gruppen in Dresden und Leipzig spiegelten die verantwortungsbewusste Dialogbereitschaft der Bürger wider, die sich friedlich gegen das rabiate Unrechtssystem des DDR-Staates mit seinen zahllosen Stasi-Mitarbeitern auflehnten. Besonders verdienstvoll betätigte sich Kurt Masur, der das traditionsreiche Gewandhaus im Jahr 1989 schon eine geraume Zeit vor diesen Tagen für Treffen mit Oppositionellen öffnete.

Der 9. Oktober ist zugleich katholischer, evangelischer und orthodoxer Gedenktag an Abraham, den Stammvater des Volkes Israel, den auch das Christentum und der Islam als solchen ansehen. Er verkörpert somit adäquat zur David-Metapher eine unvergleichliche Friedens- und Humanitätssymbolik, die von den Nationalsozialisten aufs Schmählichste geschändet wurde. Der gewaltige öffentliche Druck der Bürger, geschickt in Dresden und Leipzig lanciert durch augenfällige Analogien zur Gewaltherrschaft der Nationalsozialisten und die aktuelle KSZE-Diskussion zur menschlichen Dimension bewegten die SED-Oberen, von einem gewaltsamen Vorgehen am 9. Oktober in Leipzig abzusehen. In der Bundesrepublik unterstützte ein Ereignis diese friedvollen Bestrebungen. An diesem 9. Oktober wurde in Karlsruhe, der Residenzstadt des Rechts, eine Händelgesellschaft gegründet. Karlsruhe und die Händelstadt Halle/ Saale in Sachsen-Anhalt waren seit 1987 städtepartnerschaftlich verbunden.

Am Tag des Mauerfalls fand eine größere Bürgerdemonstration mit 40.000 Teilnehmern in der Hansestadt Rostock statt, in der die Marienkirche das Herz der friedlichen Revolution bildete. Am Abend des gleichen Tages eröffnete Ministerpräsident Johannes Rau in der Oper in Leipzig die Kulturtage Nordrhein-Westfalens in der DDR mit einer Ausstellung zum Thema „Zeitzeichen" und unterstrich damit die Bedeutung des deutsch-deutschen Kulturabkommens im Einigungsprozess.[136]
Bundeskanzler Helmut Kohl gab am 28. November 1989 mit seinem „Zehn-Punkte-Programm zur Überwindung der Teilung

---

[136] Vgl. Johannes Rau (Bundespräsident) (9. November 1999).

Deutschlands und Europas" einen weiteren wichtigen Ansporn. Nach der Erstürmung der Stasi-Zentralen, umfangreichen innen- und außenpolitischen Verhandlungen einschließlich Runder Tisch und Zwei-plus-Vier-Gesprächen, freien Wahlen zur DDR-Volkskammer und zu den Kommunalparlamenten, dem Staatsvertrag und insbesondere dem Einigungsvertrag fanden am 3. Oktober 1990 die Feierlichkeiten zum Tag der Deutschen Einheit statt. Das Besondere an diesem Prozess war, dass die nach der demokratischen Volkskammerwahl am 18. März 1990 gebildete Regierung unter dem DDR-Ministerpräsidenten Lothar de Maizière, der eine ganze Reihe engagierter Bürgerrechtler angehörte, selbst die Auflösung des Unrechtsstaats und die deutsche Wiedervereinigung entscheidend mit in die Wege leitete.

Die zum 175. Geburtstag Felix Mendelssohn-Bartholdys
im Jahr 1984 herausgegebene DDR-Briefmarke

Das von Königin Beatrix der Niederlande
am 29. September 2000 enthüllte Denkmal
Wilhelms I. von Nassau-Oranien
unterhalb des Wilhelmsturms
auf dem Schlossberg in Dillenburg

5.   Literaturverzeichnis

Antognazza, Maria Rosa and Hotson, Howard (Texts edited with introduction and commentary) (1999): Alsted and Leibniz. On God, the Magistrate and the Millennium, Wolfenbüttler Arbeiten zur Barockforschung, Bd. 34, Harrassowitz, Wiesbaden.

Barkai, Avraham (2001); Im Schatten der Verfolgung und Vernichtung. Leo Baeck in den Jahren des NS-Regimes, in: Leo Baeck 1873-1956, Aus dem Stamme von Rabbinern, hrsg. v. Georg Heuberger und Fritz Backhaus, Jüdischer Verlag – Suhrkamp, S. 77-102.

Basso, Luca (2011): Das Problem des Widerstandsrechts bei Leibniz, in: Pluralität der Perspektiven und Einheit der Wahrheit im Werk von G.W. Leibniz. Beiträge zu seinem philosophischen, theologischen und politischen Denken, hrsg. v. Friedrich Beiderbeck u. Stephan Waldhoff, Akademie, Berlin, S. 141-153.

Besser, Johann von (1702/1901): Preußische Krönungsgeschichte, Neudruck, Königl. Hof-Buchdr. Cölln an der Spree (1702), Verlag des Vereins für Geschichte, Berlin (1901).

Beuys, Barbara (2012): Der große Kurfürst, Friedrich Wilhelm von Brandenburg, der Mann, der Preußen schuf; Neuausgabe, Taschenbuch Verlag, München.

Biehler, Birgit (2012): Reformierte Naturphilosophie im Kontext millenaristischer Erwartungen und universalwissenschaftlicher Projekte, in: Philosophie der Reformation, hrsg. v. Günter Frank u. Hermann J. Selderhuis, Melanchthon-Schriften der Stadt Bretten, Bd. 12, Frommann-Holzboog, Stuttgart-Bad Cannstatt, S. 371-388.

Biereigel, Hans (2005): Luise Henriette von Nassau-Oranien. Kurfürstin von Brandenburg, Sutton, Erfurt.

Bleiß, Regine (2013): Olympische Spiele 1936. Proteste und Boykottbestrebungen, Objektdatenbank Deutsches Historisches Museum, Berlin - www.dhm.de/~jarmer/olmpiaheft/olympia3.htm , abgefragt am 18.03.2013.

Börnsen, Hans (1985): Leibniz' Substanzbegriff und Goethes Gedanken der Metamorphose, Freies Geistesleben, Stuttgart

Bortloff, Jens (1996): Die Organisation für Sicherheit und Zusammenarbeit in Europa. Eine völkerrechtliche Bestandsaufnahme, Duncker & Humblot, Berlin.

Brather, Hans-Stephan (Hrsg.) (1993): Leibniz und seine Akademie. Ausgewählte Quellen zur Geschichte der Berliner Sozietät der Wissenschaften 1697-1716, Akademie, Berlin.

Breger, Herbert (2001): Die Entstehung des Energiebegriffs, Leibniz-Archiv, Hannover, www.ipp.mpg.de/ippcms/de/pr/veranstaltungen/oeffentlich/archiv/prometheus/doc.2000/breger.pdf , S. 1-12, abgefragt am 26.01.2013.

Bundesminister für innerdeutsche Beziehungen (1990): Die Beziehungen zwischen der Bundesrepublik Deutschland und der DDR, in: Jahresbericht der Bundesregierung 1989, hrsg. vom Presse- und Informationsamt der Bundesregierun, Bonn, S. 301-347.

Bundesminister für innerdeutsche Beziehungen (Hrsg.) (1989): Das Kulturabkommen. Abkommen zwischen der Regierung der Bundesrepublik Deutschland und der Regierung der Deutschen Demokratischen Republik über kulturelle Zusammenarbeit, 3. ergänzte Aufl., Bonn.

Busche, Hubertus (1997): Leibniz' Weg ins perspektivische Universum. Eine Harmonie im Zeitalter der Berechnung, Felix Meiner, Hamburg.

Červenka, Jaromír (1970): Die Naturphilosophie des Johann Amos Comenius, Werner Dausinen, Hanau u. Academia , Prag.

Clark, Christopher (2008): Preußen. Aufstieg und Niedergang 1600-1947, aus dem Englischen von Richard Barth u.a., Pantheon, München.

Comenius, Johann Amos (1970): Böhmische Didaktik, ins Deutsche übersetzt und besorgt v. Klaus Schaller, Ferdinand Schöningh, Paderborn.

Comenius, Johann Amos (1991): Pampaedia – Allerziehung, in deutscher Übersetzung hrsg. v. Klaus Schaller, Academia, Sankt Augustin.

Conze, Eckart (2003): Aufstand des preußischen Adels. Marion Gräfin Dönhoff und das Bild des Widerstands gegen den Nationalsozialismus in der Bundesrepublik Deutschland, in: Vierteljahreshefte für Zeitgeschichte, 51. Jg., H. 4, Okt. 2003, S. 483-508.

Dönhoff, Marion (1996): ›Um der Ehre willen‹. Erinnerungen an die Freunde vom 20. Juli, Taschenbuchausgabe, btb, München.

Dönhoff, Marion (2009): Preußen. Maß und Maßlosigkeit, Siedler, München.

Eibach, Joachim (2002): Preußens Salomon. Herrschaftslegitimation und Herrschaftspflichten in Predigten anlässlich der Krönung Friedrichs I., in: Dreihundert Jahre preußische Königskrönung. Eine Tagungsdokumentation, hrsg. von Johannes Kunisch. Duncker & Humblot, Berlin, S. 135-157.

Emmerich, Alexander (2011): Olympia 1936. Trügerischer Glanz eines mörderischen Systems, Fackelträger, Köln.

Fetscher, Iring u. Münkler, Herfried (Hrsg.) (1985): Pipers Handbuch der politischen Ideen, Bd. 3, Piper, München, Zürich.

Floss, Pavel (2001): Die Physik von Johann Amos Comenius, in: Die Philosophie des 17. Jahrhunderts: Das Heilige Römische Reich Deutscher Nation, Nord- und Ostmitteleuropa, Bd. 4, erster Halbband, hrsg. v. Helmut Holzhey u. Wilhelm Schmidt-Biggemann, Schwabe & Co., Basel.

Giebel, Wieland (Hrsg.) (2007): Das Reiterdenkmal Friedrichs des Großen. Enthüllt am 31. Mai 1851, Berlin Story.

Goethe, Johann Wolfgang (1985): Aus meinem Leben. Dichtung und Wahrheit, hrsg. v. Peter Sprengel, Bd. 16, Carl Hanser, München.

Goethe, Johann Wolfgang (1991): Wilhelm Meisters Wanderjahre. Maximen und Reflexionen, hrsg. v. Gonthier-Louis Fink u.a., Bd. 17, Carl Hanser, München.

Goethe, Johann Wolfgang (1997): Letzte Jahre 1827-1832, hrsg. v. Gisela Henckmann u. Dorothea Hölscher-Lohmeyer, Bd. 18.1, Carl Hanser, München.

Grau, Conrad (1993): Die preußische Akademie der Wissenschaften zu Berlin. Eine deutsche Gelehrtengesellschaft in drei Jahrhunderten, Spektrum, Heidelberg, Berlin, Oxford.

Grau, Conrad (1998): Akademien und Universitäten im Umfeld deutscher Anschlüsse im 19./20. Jahrhundert, in: Sitzungsberichte der Leibniz-Sozietät, Bd. 27, H. 8, Berlin, S. 41-52.

Grau, Conrad (2000): Leibniz und die Folgen – Zur Wirkungsgeschichte des Leibnizschen Akademiekonzepts, in: Sitzungsberichte der Leibniz-Sozietät, Bd. 38, H. 3, Berlin, S. 5-26.

Grau, Conrad (2005): Comenius und der Akademiegedanke im 17. Jahrhundert, in: Comenius und der Weltfriede, hrsg. von Werner Korthaase u.a., Deutsche Comenius-Gesellschaft in Berlin, S. 479-486.

Grün, Hugo (1954): Geist und Gestalt der Hohen Schule Herborn, in: Nassauische Annalen, 65. Bd., Verein für Nassauische Altertumskunde und Geschichtsforschung, Wiesbaden, S. 130-147.

Gundermann, Iselin (1998): Einleitung, in: Via Regia. Preußens Weg zur Krone, Ausstellung des Geheimen Staatsarchivs Preußischer Kulturbesitz 1998, Duncker & Humblot, Berlin, S. 1-12.

Hartmann, Peter (2008): Berlin 1936. Wie Olympia die Unschuld verlor, in: Die Weltwoche, Ausg. 32, Zürich – www.weltwoche.ch/ausgaben/2008-32/artikel-2008-32-wie-olympia-die.html , abgefragt am 18.03.2013.

Hebenstreit, Sigurd (2006): Pädagogik, in: Humanwissenschaftliche Zugänge, hrsg. v. Paul Martin u.a., Frank & Timme, Berlin, S. 85-120.

Hecht, Hartmut (2005): Der junge Leibniz über Johann Amos Comenius, in: Comenius und der Weltfriede, a.a.O., S. 377-390.

Heider, Angelika (1995): Veranstaltungen in der Synagoge, in: „Tuet auf die Pforten" –Die neue Synagoge 1866-1995, Begleitbuch zur ständigen Ausstellung der Stiftung „Neue Synagoge Berlin – Centrum Judaicum", hrsg. von der Stiftung und dem Museumspädagogischen Dienst, Berlin, S. 270-275.

Heim, Susanne (Bearb.) (2009): Die Verfolgung und Ermordung der europäischen Juden durch das nationalsozialistische Deutschland 1933-1945 – Band 2: Deutsches Reich 1938 – August 1939, R. Oldenbourg, München.

Hogan, David J. (2002) (Haupthrsg.): Die Holocaust Chronik, deutsche Übersetzung der amerik. Originalausgabe, Droemer, München.

Hüfner, Klaus (2005): Comenius und die Bemühungen der UNESCO um den Frieden, in: Comenius und der Weltfriede, a.a.O., S. 26-35.

Joos, Katrin (2012): Gelehrsamkeit und Machtanspruch um 1700. Die Gründung der Berliner Akademie der Wissenschaften im Spannungsfeld dynastischer, städtischer und wissenschaftlicher Interessen, Böhlau, Köln, Weimar, Wien.

Jüllig, Carola (2013): Der Fackel-Staffel-Lauf Olympia-Berlin 1936, Online-Museumsdatenbank Deutsches Historisches Museum, Berlin - www.dhm.de/~jarmer/olympiaheft/olympia5.htm ; abgefragt am 18.03.2013.

Jung, Thomas (1999): Aus den Schatten der Vergangenheit treten: Das Schreiben jüdischer Autoren aus der DDR vor und nach der Wende, in: Wendezeichen? Neue Sichtweisen auf die Literatur in der DDR, hrsg. v. Roswitha Skare u. Rainer B. Hoppe, Editions Rodopi B.V., Amsterdam-Atlanta, S. 65-82.

Klaus, Manfred (1994): Städtepartnerschaften zwischen ost- und westdeutschen Kommunen. Ein Medium des Bürgerdialogs, interkommunaler Solidarität und verwaltungspolitischer Integration, Graue Reihe bei der KSPW bei der GSFP (94-02), Berlin.

Klausa, Ekkehard (1994): Preußische Soldatentradition und Widerstand. Das Potsdamer Infanterieregiment 9 zwischen dem „Tag von Potsdam" und dem 20. Juli 1944, in: Der Widerstand gegen den Nationalsozialismus. Die deutsche Gesellschaft und der Widerstand gegen Hitler, hrsg. v. Jürgen Schmädeke und Peter Steinbach, Piper, München – Zürich, S. 533-545.

Klein, Jürgen (1984): Herborns calvinistische Theologie und Wissenschaft im Spiegel der englischen Kulturrevolution des 17.

Jahrhunderts, Hi MoN – Diskussionsbeiträge: 40/84, Universität – GH Siegen.

Körber, Esther-Beate (2008): Das Beziehungsgefüge in Predigten Daniel Ernst Jablonskis, in: Daniel Ernst Jablonski – Religion, Wissenschaft und Politik um 1700, hrsg. v. Joachim Bahlcke und Werner Korthaase, Harrassowitz, Wiesbaden, S.109-122.

Körber, Esther-Beate (2002): Predigten zum Tag der preußischen Königskrönung am 18. Januar 1701, in: Die preußische Rangerhöhung und Königskrönung 1701 in deutscher und europäischer Sicht, hrsg. v. Heide Barmeyer, Peter Lang, Frankfurt am Main, S. 21-41.

Korthaase, Werner u. Hüfner, Klaus (2005): Comenius und der Weltfriede. Der UNESCO im 60. Jahr ihres Bestehens gewidmet, in: Comenius und der Weltfriede, a.a.O., S. 19-21.

Krohn, Claus-Dieter u.a. (Hrsg.) (1998): Handbuch der deutschsprachigen Emigration 1933-1945, in Zusammenarbeit mit der Gesellschaft für Exilforschung, unter red. Mitarbeit von Elisabeth Kohlhaas, Primus, Darmstadt.

Lange, Wolfgang (1989): Staatsoperette Dresden: „Der König David Bericht", in: Theater der Zeit, Zeitschrift für Politik und Theater, H. 8 (1989), Berlin, S. 54-55.

Laudamus, Fiona (2001): Von der Einweihung 1851 bis zur Wiederaufstellung 1980, in: Ein Denkmal für den König. Das Reiterstandbild Friedrichs II. Unter den Linden in Berlin, Beiträge zur Denkmalpflege in Berlin, Heft 17, hrsg. vom Landesdenkmalamt Berlin, Schelzky & Jeep, Berlin , S. 36-42.

Lauschke, Marion (2007): Ästhetik im Zeichen des Menschen. Die ästhetische Vorgeschichte der Symbolphilosophie des Ernst Cassirers und die symbolische Form der Kunst, Sonderheft 10 der Zeitschrift für Ästhetik und Allgemeine Kunstwissenschaft, Felix Meiner, Hamburg.

Leibing, Anja K. (Senatskanzlei der Freien Hansestadt Bremen) (2010): „Blick/Wechsel". Deutsch-deutsche Städtepartnerschaften 1986 bis heute - www.rathaus.bremen.de/sixcms/detail.php?gsid=bremen54.c.8895.de , abgefragt am 08.05.2013.

Leinkauf, Thomas (1996/97): ‚Diversitas identitate compensata'. Ein Grundtheorem in Leibniz' Denken und seine Voraussetzungen in der frühen Neuzeit, in: studia leibnitiana, Bd. 38, H. 1 (1996): S. 58-83, und Bd. 29, H. 1 (1997): S. 81-102.

Loemker, Leroy E. (1961): Leibniz and the Herborn Encyclopedists, in: Journal of the history of ideas, Bd. 22, July-Sept. 1961, City University, New York 31, S. 323-338.

Mahnke, Dietrich (1924): Leibniz und Goethe. Die Harmonie ihrer Weltansichten, Kurt Stenger, Erfurt.

Makiłła, Dariusz (2004): Die Souveränitätspolitik des Großen Kurfürsten und die politische Unabhängigkeit des Herzogtums Preußen nach 1657, in: Die landesgeschichtliche Bedeutung der Königsberger Königskrönung von 1701, hrsg. von Bernhart Jähnig, N.G. Elwert, Marburg, S. 13-31.

Malinowski, Stephan (2003): Vom König zum Führer. Deutscher Adel und Nationalsozialismus, Fischer Taschenbuch, Frankfurt am Main.

March, Joachim (1948): Leonardo da Vinci – Leibniz – Goethe. Werk und Weltbild universaler Menschen, Schriftenreihe für Geist und Wissen, Hammer, Berlin.

Menk, Gerhard (1981): Die Hohe Schule Herborn in ihrer Frühzeit (1584-1660). Ein Beitrag zum Hochschulwesen des deutschen Kalvinismus im Zeitalter der Gegenreformation, Historische Kommission für Nassau, Wiesbaden.

Menk, Gerhard (2011): Zwischen Kanzel und Katheder. Protestantische Pfarrer- und Professorenprofile zwischen dem 16. und 20. Jahrhundert, Jonas, Marburg.

Mercer, Christia (2001): Leibniz's Metaphysics –Its Origins and Development, Cambridge University Press.

Messerschmidt, Manfred (1994): Militärische Motive zur Durchführung des Umsturzes, in: Der Widerstand gegen den Nationalsozialismus, a.a.O., S. 1021-1036.

Moll, Konrad (2002): Der Enzyklopädiegedanke bei Comenius und Alsted, seine Übernahme und Umgestaltung bei Leibniz – neue Perspektiven der Leibnizforschung, in: studia leibnitiana, Bd. 34, Heft 1, Franz Steiner, Wiesbaden (Sitz Stuttgart), S. 1-30.

Moll, Konrad (2008): Eine deutsch-tschechische Enzyklopädik: Zur Bedeutung von Comenius und Alsted für die neuere Leibnizforschung, in: Studien zu Comenius und zur Comeniusrezeption in Deutschland. Festschrift für Werner Korthaase zum 70. Geburtstag, hrsg. v. Petr Zemek u.a., Muzeum J.A. Komenského, Uherský Brod, S. 114-131.

Mommsen, Hans (2003): Carl Friedrich Goerdeler im Widerstand gegen Hitler, in: Politische Schriften und Briefe Carl Friedrich Goerdelers, hrsg. v. Sabine Gillmann und Hans Mommsen, Bd. 1, Saur, München. S, xxxvii-lxvi.

Mugnai, Massimo (1973): Der Begriff der Harmonie als metaphysische Grundlage der Logik und Kombinatorik bei Johann Heinrich Bisterfeld und Leibniz, in: studia leibnitiana, Bd. 5, H.1, S. 43-73.

Müller, Gerhard u.a. (Hrsg.) (2003): Theologische Realenzyklopädie, Bd. 35, Walter de Gruyter, Berlin, New York.

Muschik, Alexander (2012): Die SED und die Juden 1985-1990. Eine außenpolitische Charmeoffensive der DDR, bpb, Bonn - www.bpb.de/geschichte/zeitgeschichte/deutschlandarchiv/1328 69/die-sed-und-die-juden-19851990 , abgefragt am 15.05.2013.

Neubert, Ehrhart (1998): Geschichte der Opposition in der DDR 1949-1989, 2. durchges. u. erw. Aufl., Ch. Links, Berlin.

Neugebauer, Bernhard (2011): UNESCO – Leben in der DDR von 1956 bis 1990, Komitee für UNESCO-Arbeit, Berlin - www.vip-ev.de/text724.htm , abgefragt am 15.05.2013.

Niese, Lars Holger (1997): Sport im Wandel. Eine systemvergleichende Untersuchung des Sports in Ost- und Westdeutschland, Peter Lang, Frankfurt am Main.

Petersdorff, Herman von (2004/1926): Der große Kurfürst – Die Biographien großer Preußen, Reprint der Originalausgabe von 1926, Flamberg, Gotha u. Reprint Archiv, Braunschweig.

Rau, Johannes (Bundespräsident) (9. Nov. 1999): Grußwort vor der Synode der Evangelischen Kirche (EKD) in Deutschland – www.bundespraesident.de/SharedDocs/Reden/DE/Johannes-Rau/Reden/1999/11/19991109_Rede.html , abgefragt am 15.05.2013.

Rohls, Jan (2012): Die Metaphysik an reformierten Universitäten , in: Philosophie der Reformierten, a.a.O., S. 67-92.

Rürup, Reinhard (Hrsg.) (1999): 1936 – Die olympischen Spiele und der Nationalsozialismus, eine Dokumentation, 2. Aufl., Stiftung Topographie des Terrors, Berlin.

Runge, Irene (2005): Jüdischer Kulturverein Berlin e.V. – 15 Jahre JKV: Im richtigen Moment am richtigen Ort – www.juden-in-berlin.de/juedischer-kulturverein/geschichte.htm , abgefragt am 14.05.2013.

Saße, Günter (2010): Auswandern in die Moderne. Tradition und Innovation in Goethes Roman ›Wilhelm Meisters Wanderjahre‹, de Gruyter, Berlin, New York.

Schäfer, Jochem (2001): Der Peterzug: Dem Nationalfeiertag besonders verbunden – Der 3. Oktober als Tag der Deutschen Einheit, M.-G. Schmitz, Kelkheim; Books on Demand, Norderstedt.

Schäfer, Jochem (2004): Den Frieden sichern: Plädoyer für eine natur- und umweltfreundliche Zukunft, 2. Aufl., M.-G. Schmitz, Kelkheim; Books on Demand, Norderstedt.

Schäfer, Jochem (Juli 2004): Das internationale Nichtverbreitungsregime von Massenvernichtungswaffen im Wandel: Trinity, Hiroshima und Nagasaki als bleibendes zeitloses Fundament, M.-G. Schmitz, Kelkheim.

Schäfer, Jochem (April 2005): Eine weitsichtige Städtepartnerschaft zwischen Herborn und Pertuis: Die Grundrechte in der Europäischen Union, M.-G. Schmitz, Kelkheim.

Schäfer, Jochem (Dezember 2005): Aus heutiger Sicht: Musik und Politik im Dritten Reich – Die Familie Schäfer im Widerstand, M.-G. Schmitz, Kelkheim.

Schäfer, Jochem (2006): Der 3. Oktober ein weltweites Symbol für den friedlichen Dialog, Schmitz, Kelkheim.

Schäfer, Jochem (Juli 2008): Europäische Perspektiven: Der 1989er Salzmarsch in Deutschland und Mittel- und Osteuropa und die zukunftsweisende Bürgerkommunikation in der EU, M.-G. Schmitz, Nordstrand/Nordsee, Books on Demand, Norderstedt

Schäfer, Jochem (Juli 2009): Die Gedanken eines Komparsen: Die Volksrepublik China und ihre wachsende Bedeutung in der Welt, M.-G. Schmitz, Nordstrand/Nordsee, Books on Demand, Norderstedt.

Schäfer, Jochem (Juli 2010): Kulturelle und humane Anstöße der friedlichen Revolution in der DDR – in ureigenster Wiedergabe unter Einschluss des Camp-David-Friedens, M.-G. Schmitz, Nordstrand/Nordsee, Books on Demand, Norderstedt.

Schäfer, Jochem (2011): Goethe und sein Alterswerk „Wilhelm Meisters Wanderjahre" im Lichte des Widerstands gegen den Nationalsozialismus – Der Deutsche Wandertag 1927 in Herborn und seine Folgen, M.-G. Schmitz, Nordstrand/Nordsee; Books on Demand, Norderstedt.

Schäfer, Jochem (2012): Aus persönlicher Sicht: Das David-Sinnbild beim Widerstand gegen Hitler und beim Fall der Berliner Mauer – Goethe und der deutsche Nationalfeiertag, Books on Demand, Norderstedt.

Scherbaum, Matthias (2008): Der Metaphysikbegriff des Johann Amos Comenius. Das Projekt der Pansophie im Spannungsbogen von „Realismus", Heilsgeschichte und Pan-Paideia, Utopica, Oberhaid.

Schlabrendorff, Fabian von (1959): Offiziere gegen Hitler, Fischer, Frankfurt am Main – Hamburg.

Schlie, Ulrich (1. Juli 2009): Preußen und der 20. Juli 1944. Erinnerung an den „Aufstand des Gewissens", in: Die politische Meinung; Zeitschrift für Politik, Gesellschaft, Religion und Kultur, Nr. 476, KAS, Sankt Augustin, S. 55-59 - www.kas.de/wf/doc/kas_16999-544-1-30.pdf , abgefragt am 11.04.2013.

Schlimme, Hermann (1945/46): Vorbereitungen zum 20. Juli 1944. Der Versuch einer deutschen Revolution, BArch NY 4416/71.

Schlosser, Heinrich (1935): Die Bedeutung der Hohen Schule Herborn für die Geschichte des deutschen Geistes, Festrede am 11. März 1934 in Wiesbaden, in: Nassauische Annalen, 55. Bd., Wiesbaden, S. 101-112.

Schmidt, Helmut (1988). Brücken bauen in Europa – meine Erwartungen an die Kirchen, in: studienhefte zur mecklenburgischen kirchengeschichte, Heft 5, Sept./Okt. 1988, S. 24-31.

Schmidt, Sebastian (2005): Gaube – Herrschaft – Disziplin. Konfessionalisierung und Alltagskultur in den Ämtern Siegen und

Dillenburg (1538-1683), Ferdinand Schöningh, Paderborn, München, Wien, Zürich.

Schmidt-Biggemann, Wilhelm (2001): Metaphysik, in: Die Philosophie des 17. Jahrhunderts, a.a.O., zweiter Halbband, S. 1064-1079.

Schmidt-Biggemann, Wilhelm (2001): Scientia Univeralis, in: Die Philosophie des 17. Jahrhunderts, a.a.O., zweiter Halbband, S. 1043-1046.

Schmidt-Voges, Inken; Stäcker, Thomas u. Gieseling, Martin (verantwortl.) (2013): Hofprediger Jablonski. Predigt des Hofpredigers Daniel Ernst Jablonski im Berliner Dom am 18. Januar 1701 anlässlich der Krönung Friedrichs I. zum König in Preußen, e-learning Modul: Politik-Beratung in der Frühen Neuzeit – zentrum.virtuos.uos.de/wikifarm/fields/ikfn_oberhofprediger/field.php/Hofbeispiele/Jablonski , abgefragt am 17.04.2013.

Schmidt-von Rhein, Georg (1986): Zur Geschichte der rechtswissenschaftlichen Fakultät der Hohen Schule in Herborn, in: Nassauische Annalen, 97. Bd., Verein für nassauische Altertumskunde und Geschichtsforschung, Wiesbaden, S. 33-43.

Schneider, Elke (1989): Menschliche Integrität – unter welchen Opfern? – DDR-Erstaufführung der Rock-Oper „Der König David Bericht", in: Theater der Zeit, Zeitschrift für Politik und Theater, H. 4 (1989), Berlin, S. 43-46.

Scholtyseck, Joachim (1999): Robert Bosch und der liberale Widerstand gegen Hitler 1933 bis 1945, C.H. Beck, München.

Schroeter-Wittke, Harald (2000): Unterhaltung. Praktisch-theologische Exkursionen zum homiletischen und kulturellen Bibelgebrauch im 19. und 20. Jh. anhand der Figur Elia, Peter Lang, Frankfurt am Main u.a.

Sickel, Paul (1918/20): Leibniz und Goethe, in: Archiv für Geschichte der Philosophie, Bd. 31/32, Simion, Berlin; Neudruck 1978, Topos, Vaduz/Liechtenstein, S. 1-26.

Simon, Hermann (1995): Die Neue Synagoge einst und jetzt, in: „Tuet auf die Pforten". Die Neue Synagoge 1866-1995, a.a.O., S. 10-42.

84

Simon, Hermann (1997): Die Neue Synagoge Berlin – Geschichte. Gegenwart. Zukunft, 3. erg. Aufl., Edition Hentrich, Berlin.

Spiegel-Redaktion (1986): Friedrich: Ein Denkmal kehrt zurück, in: Der Spiegel, Nr. 32, vom 4. August 1986, Hamburg, S. 142-145.

Stein, Erwin (2002): Vorstellung der Ausstellung „Gottfried Wilhelm Leibniz als Philosoph, Mathematiker, Physiker und Techniker", in: Nihil Sine Ratione. Mensch, Natur und Technik im Wirken, von G.W. Leibniz, VII. Internationaler Leibniz-Kongress: Nachtragsband, hrsg. v. Hans Poser u.a., Gottfried-Wilhelm-Leibniz-Gesellschaft e.V., Hannover, S. 119-124.

Steinbach, Peter; Tuchel, Johannes u.a. (2007): Claus Schenk Graf von Stauffenberg und der Umsturzversuch vom 20. Juli 1944, eine Dokumentation, Gedenkstätte Deutscher Widerstand, Berlin.

Störkel, Rüdiger (2001): Herborn und die Hohe Schule, in: 750 Jahre Stadt Herborn, hrsg. im Auftrag des Magistrats der Stadt Herborn vom Geschichtsverein Herborn, S. 124-131.

Tschiżewskij, Dmitrij (1996): Comenius und die abendländische Philosophie, in: Comenius und unsere Zeit, hrsg. von Reinhard Golz, Werner Korthaase u. Erich Schäfer, Schneider, Hohengehren, S. 100-112.

Ulrich, Axel (o.J.): Kampf gegen Hitler. Zum politischen Widerstand gegen das NS-Regime im Rhein-Main-Gebiet. Kapitel 5: Bürgerlicher Widerstand – www.arbeiterbewegung-ev.de/Burgerlicher_Widerstand.pdf , abgefragt am 08.05.2013.

Voss, Rüdiger von (2011): Der Staatsstreich vom 20. Juli 1944. Politische Rezeption und Traditionsbildung in der Bundesrepublik Deutschland, Lukas, Berlin.

Wessinghage, Dieter (1984): Die Hohe Schule zu Herborn und ihre medizinische Fakultät 1584 – 1817 – 1984, Schattauer, Stuttgart, New York.

Westerhoff, Armin (2004): Zwischen Ganzheits- und Differenzdenken. Goethes Analogie-Verständnis mit Blick auf „Wilhelm Meisters Wanderjahre", in: Von der Pansophie zur Weltweisheit. Goethes analogisch-philsophische Konzepte, hrsg. v. Hans-Jürgen Schrader u. Katharine Weder, Max Niemeyer, Tübingen, S. 129-145.

Wilms, Dorothee (Sept. 1989): Freiheit in Europa – Zukunft für Deutschland. Gedanken zur deutschen Frage, BONN AKTUELL, Stuttgart.

Wilpert, Gero von (1998): Goethe-Lexikon, Alfred Kröner, Stuttgart.

Windt, Franziska (Red.) (2001): Preußen 1701 eine europäische Geschichte – Katalog, hrsg. vom Deutschen Historischen Museum, Berlin und der Stiftung Preußische Schlösser und Gärten Berlin-Brandenburg.

Wirtz, Susanne (2011): Jüdische Autoren der Gegenwart. Probleme – Positionen – Themen, in: Tribüne, Jg. 50 (2011), 198, Frankfurt am Main, S. 152-160 – www.tribuene-verlag.de/T198_Wirtz.pdf abgefragt am 15.05.2013.

Wollgast, Siegfried (2005): Rezension: Comenius und der Weltfriede, hrsg. v. Werner Korthaase u.a., in: studia leibnitiana, Bd. 37, H. 2, S. 245-246.

Zentralantiquariat der DDR (1987/1851): Denkmal König Friedrichs des Großen. Enthüllt am 31. Mai 1851, Reprint der Originalausgabe von 1851, ZA-Reprint, Leipzig.

Zöbl, Dorothea (2001): „Es ist nicht genug jekrohnt zu werden ...". Die preußische Königskrönung von 1701 in Königsberg und Berlin, Berlin Verlag Arno Spitz.

Der Autor wirkte in den vergangenen Jahrzehnten bei maßgeblichen friedens- und umweltpolitischen Ereignissen und Entscheidungen mit. Herausragend waren der Camp-David-Frieden zwischen Ägypten und Israel, Stabilisierungsmaßnahmen im Süden Europas und die Öffnung der Berliner Mauer mit der deutschen Wiedervereinigung und der friedlichen Auflösung des Warschauer Pakts. In der zweiten Hälfte der siebziger Jahre war er u.a. im EG-Agrarministerrat und an der Ständigen Vertretung der Bundesrepublik bei der EG in Brüssel tätig. In den Jahren 1989/90 beriet er eine Task Force unabhängiger Sachverständiger bei der EG-Kommission zum Binnenmarkt- und grenzüberschreitenden Umweltschutz und nahm an Tagungen des EG-Umweltministerrats teil. Enge Kontakte bestanden auch zum Europäischen Parlament. Einige Jahre war er Geschäftsführer der Hessischen Stiftung für Naturschutz und von 1981 bis 1985 Ausschussvorsitzender für Landwirtschaft und Umwelt im Kreistag des Lahn-Dill-Kreises.

Juli 2013   Jochem Schäfer
           Ministerialrat a.D.